どうなる介護保険総合事業

あなたの自治体はどうする？
いま、サービスを守るために

日下部雅喜

日本機関紙出版センター

はじめに

2017（平成29）年4月。全国の自治体では、改定介護保険法による要支援者サービスの見直しである「介護予防・日常生活支援総合事業」（総合事業）をスタートさせる「タイムリミット」を迎えます。また、すでに実施した自治体では経過措置を終えて「完全実施」の形にする時期でもあります。

「全国一律の介護保険給付から市町村の事業へ」と国が言うとおり、これまで、国の法令によって基準とサービス内容、報酬単価・利用料が決められていた要支援者のホームヘルプサービス（訪問介護）とデイサービス（通所介護）が、市町村の事業（総合事業）へと移行します。そして、その基準、内容、単価・利用料は各市町村でバラバラになります。

さらに、国レベルでは「要支援1、2」に続いて「軽度者」（要介護1、2）の介護サービスの総合事業への移行や生活援助サービスなどの「自己負担化」の検討さえ始めています。

全国の市町村当局者は「右往左往」状態で、国のガイドラインを片手にあれこれと事業案を検討したり、実施した事業を軌道に乗せるのに四苦八苦しています。

一方、介護関係者や住民運動の現状はどうでしょうか。あまりにも複雑でテンポの速い介護保険見直しを前に「ついていけない」「わけが分からない」といった戸惑いや、「もう何をやってもダメではないか」というあきらめの声さえあります。

しかし、要支援の人たちのホームヘルプ・デイサービスが市町村の総合事業に移行されるということは、その市町村の住民や介護関係者の「手の届く」ところで事業内容やサービス種類、単価などが決められるということを意味します。

要支援サービス見直しを市町村当局にだけ任せておくことはできません。介護関係者や住民団体、地方議員が要支援者の実態とホームヘルプ・デイサービスの果たしている役割をしっかり見据えながら市町村の総合事業が「要支援サービス切り捨て」にならないようにチェックし、不当な内容は修正をさせていくことが求められています。

このブックレットは、そうした自治体レベルでの当面する活動のために、必要なことをまとめたものです。第1章、第2章では、介護保険「改革」の動向と要支援サービス見直し・総合事業の仕組みを解説し、第3章で全国の実施状況を概観したうえで、第4章では、各市町村で今何を取り組めばいいのか、住民と介護関係者の共同の課題を示しています。

残された時間はあまりありません。地域で学び、調べ、そしてサービスを守るために市町村に要求・提言を行いましょう。

2016年5月　日下部雅喜

〈もくじ〉どうなる介護保険 総合事業 あなたの自治体はどうする？ いま、サービスを守るために

第１章　軽度者と生活援助の切り捨て

１　はじまった介護保険「改革」

介護保険17年目の現実　「介護の危機」

介護保険は日本に住む40歳以上の約７３００万人が加入し保険料を払っています。65歳以上の約３３００万人は多くが年金天引きで介護保険料を徴収されています。ただし、実際に利用できる人は要支援・要介護と認定された介護保険証を持っている人だけで６００万人ほどで、65歳以上でも18％程度にすぎません。

介護保険が２０００年にスタートして17年目に入りましたが、安心の介護は実現したでしょうか。「介護心中」「介護殺人」は表面化している事件だけで年間50件から70件と、ほぼ毎週１件の頻度で起きています。家族が要介護状態になったために仕事をやめる「介護離職」は年間10万人、特別養護老人ホームの入所待ちの人は入所者数より多い52万人で「介護難民」があふれています。介護事業所・介護施設は介護労働者が集まらず人手不足で「介護崩壊」の危機が迫っています。

２０１５年からはじまった「介護保険改革」の内容

こうした中で、２０１４年に成立した医療・介護一体改革の法律（地域医療・介護総合確保法）に基づく介護保険の『改革』が２０１５年４月から始まっています（**図表①**）。

(図表①)改定介護保険法による制度変更の実施時期

施行期日	改定事項
2015年4月1日	○特養の機能重点化（新規入所は原則要介護3以上に限定） ○低所得者の保険料軽減の強化（一部実施のみ） ○サービス付き高齢者向け住宅への住所地特例の適用
	○予防給付の見直し（2017年4月までの猶予期間あり）
	○地域支援事業の充実（2018年4月までに全市町村で実施） ・在宅医療・介護連携の推進 ・生活支援サービスの充実・強化 ・認知症施策の推進
2015年8月1日	○一定以上の所得のある利用者の自己負担の引上げ（1割⇒2割負担）、補足給付の支給に資産等を勘案
2016年4月1日	○地域密着型通所介護の創設（小規模のデイサービスを対象）
2018年4月1日	○居宅介護支援事業所の指定権限の市町村への移譲）

筆者作成（2016年3月）

これまでの介護保険は、①要支援1からでも在宅サービスは使える、②要介護1以上であれば特別養護老人ホームに入所申し込みをして待つことができる、③介護サービス利用料は所得に関係なく1割負担、④低所得者は介護保険施設・ショートステイの部屋代・食事代の補助がある――という四つの特徴がありました。

昨年以降の制度改定ではこれをすべて悪く変える「4大改悪」が強行されました。①要支援1・2のホームヘルパーとデイサービスは保険から外され市町村の事業（総合事業）へ移行する、②特養ホーム新規入所は要介護1・2の人は原則として対象外とされ、締め出される、③合計所得160万円以上（年金収入の場合280万円以上）の人の利用料が2割負担に引き上げられる、④非課税世帯でも配偶者が住民税課税であったり、預貯金が一定額（単身1000万円）あれば介護保険施設・ショートステイの食費・部屋代補助は打ち切り――という内容です。

しかし、これは第一段階にすぎません。10年後の

２０２５年に向けてさらにこの改悪はどんどんエスカレートしていくことになります。

「骨太の方針２０１５」に見る次の「改革」は要介護１・２がターゲット

そんな中、出てきたのが、次期制度改定への動きです。２０１５年６月閣議決定された「経済財政運営と改革の基本方針（骨太の方針２０１５）」では、社会保障費の自然増を３年間で９千億～１兆５千億円も削減することを目安にしています。そして介護保険についても次なる「改革」（＝大改悪）を打ち出しました。

骨太の方針２０１５には「軽度者（要介護１・２）」に対するサービスの見直しと「市町村事業への移行」の検討を明記しました。財政的には要支援者のサービスは介護給付の６％に過ぎずこれを切り捨てても財源抑制効果は知れています。要介護１・２を見直すと30％もの給付費を見直し対象とすることができるのです。次のターゲットは要介護１・２の切り捨てなのです。

さらに、軽度の人が多く利用する「生活援助」と福祉用具、住宅改修については、保険給付からも市町村事業からも除外して、原則自己負担（一部補助）としようとしています。

利用者負担2割への引き上げも

さらにもう一つ、利用者負担でも大改悪が迫っています。骨太の方針２０１５では、利用者負担のあり方について検討し、「医療保険・介護保険ともにマイナンバーを利用することで金融資産の保有状況を考慮に入れた負担を求める仕組みを検討」と明記しました。

かつて70歳以上は「1割」であった医療の患者負担は、２０１４年の4月2日以降に70歳になった方は74歳までは患者2割負担となってしまっています。

そこで、介護保険も、所得要件を外して65歳から74歳までは2割負担としようとしているのです。「医療との均衡」というのが口実です。

これも２０１６年の年末までに結論を得て２０１７年1月からの通常国会で法案を提出としています。

そして、3年後の２０１９年度には、70歳で医療費患者負担2割となった人が75歳に到達するので、そのまま2割負担を「維持」し、75歳以上の後期高齢者医療の患者負担を現行の1割から2割負担に引き上げようというのです。そうなれば、介護保険も「医療との均衡」を口実に75歳以上も2割負担へというわけです。

さらに、２０１６年1月からスタートした「マイナンバー制度」の登場です。

介護保険施設利用者の補足給付改悪で持ち込んだ「預貯金を考慮した負担の仕組み」を医療の入院費にも拡大し、将来的には、マイナンバーを活用して、国民の預貯金を把握し、負担増の手段にしようとしているのです。たとえ所得がなくても「一定額の預貯金」があれば、利用者負担、患者負担が大幅に引き上げられかねません。

２０１６年末までに「結論」、２０１７年通常国会に法案提出

２０１５年12月24日に、「経済財政諮問会議」（議長・安倍首相）が、決定した「経済・財政再生計

（図表②）経済・財政再生計画　改革工程表

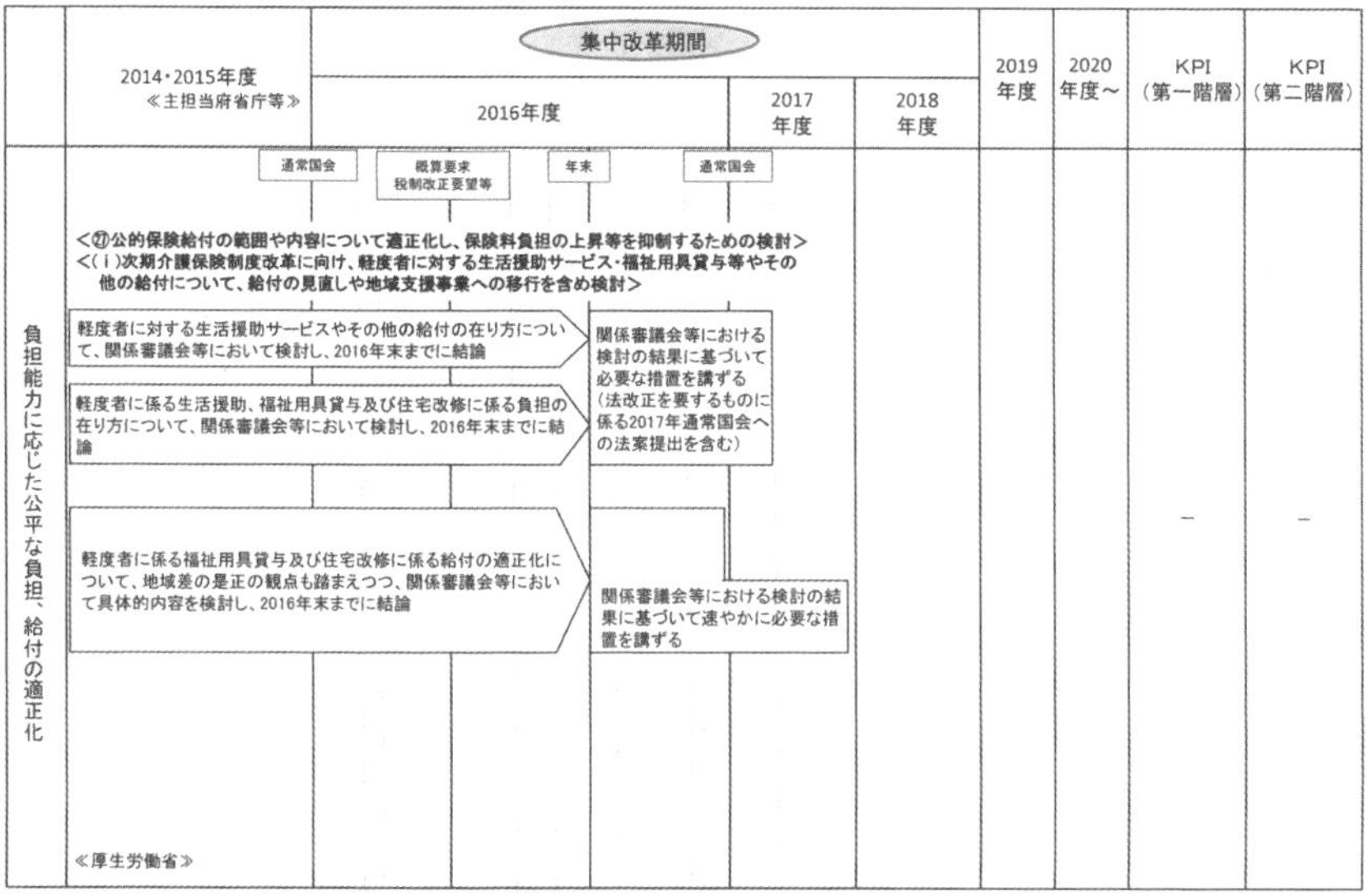

経済・財政再生計画改革工程表（平成27年12月24日経済財政諮問会議）

画改革工程表」には、これらの改悪案の内容がすべて盛り込まれました（**図表②**）。スケジュールはすべて２０１６年の年末までに「結論」、２０１７年の通常国会で「法案提出」となっています。そのとおり行けば２０１８年度から順次実施し、２０２０年度には完成という工程です。

安倍政権は、昨年秋から打ち出した「１億総活躍社会」の一環として「介護離職ゼロ」をかかげ、いくつかの施策は打ち出してはいますが、この介護保険「改革」の全体方向はまったく修正されることなく実行に向けた準備や検討が進められています。

国の「要介護１・２」切り捨てに抗しながら自治体レベルでの取り組みを

自治体レベルではようやく大多数の市町村が２０１７年４月から、要支援１・２の

（図表③）

2016年末までに「結論」、2017年法改正、18年～実施

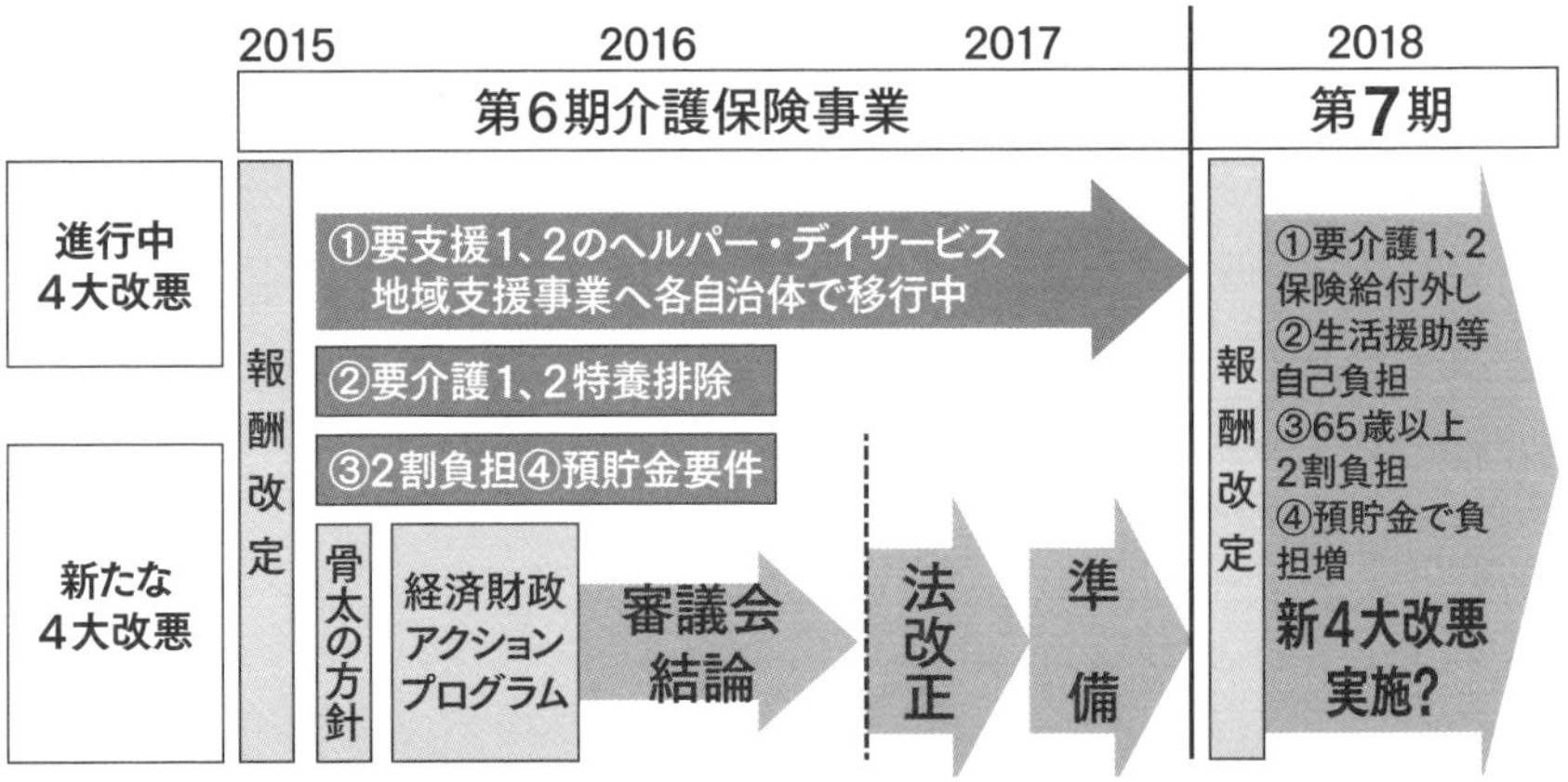

筆者作成（2016年3月）

訪問介護（ホームヘルプサービス）と通所介護（デイサービス）を新しい総合事業（「介護予防・日常生活支援総合事業」。以下「総合事業」）に移行させます。国レベルでは、要介護１・２の介護サービスを見直す法案を２０１７年１月から始まる通常国会に提出しようとしているのです。見直しの方向は、生活援助・福祉用具・住宅改修の自費サービス化（一部補助のみ）と、通所介護など他の介護サービスの総合事業への移行です（図表③）。

　こうした動きを見るならば、総合事業がもはや、要支援１・２のホームヘルプ・デイサービスにとどまらず、要介護１・２までの「軽度者」の介護サービス全体を切り捨てていく「受け皿」としての役割を持たされる可能性があることを意味します。

　国の要介護１・２の切り捨てを許さない全国的な課題を取り組みながら、自治体レベルでの

総合事業実施に向けた地域での共同した運動が急務です。

総合事業は介護保険財源を使うものの、市町村の裁量がきわめて大きい事業であるため、要介護認定と基本チェックリストの活用、サービス類型など基本的なところで、自治体間ではバラバラの状態です。

国のねらう総合事業は、「多様なサービス」（無資格・安物サービスや自助・互助サービス）に要支援のホームヘルプ・デイサービスを置き換えていく仕組みです。こうした仕組みづくりに加担する総合事業になるか、市町村の努力で現行サービスを維持・保障することを基本にした総合事業になるかは、これからの各地域での取り組みと市町村の姿勢にかかっています。そして、その結果は次に国が狙っている「要介護1・2の保険外し」の動向に大きな影響を与えることになります。

2　軽度者サービス見直し・生活援助切り捨てと「地域包括ケアシステム」

介護保険「改革」の大きな柱である軽度者・生活援助サービス見直しの狙いについて、国がすすめる「地域包括ケアシステム」との関連で整理してみます。

地域包括ケアシステムの5つの構成要素

地域包括ケアシステムは、2025年をめどに、単身や重度の要介護状態になっても住み慣れた

（図表④）

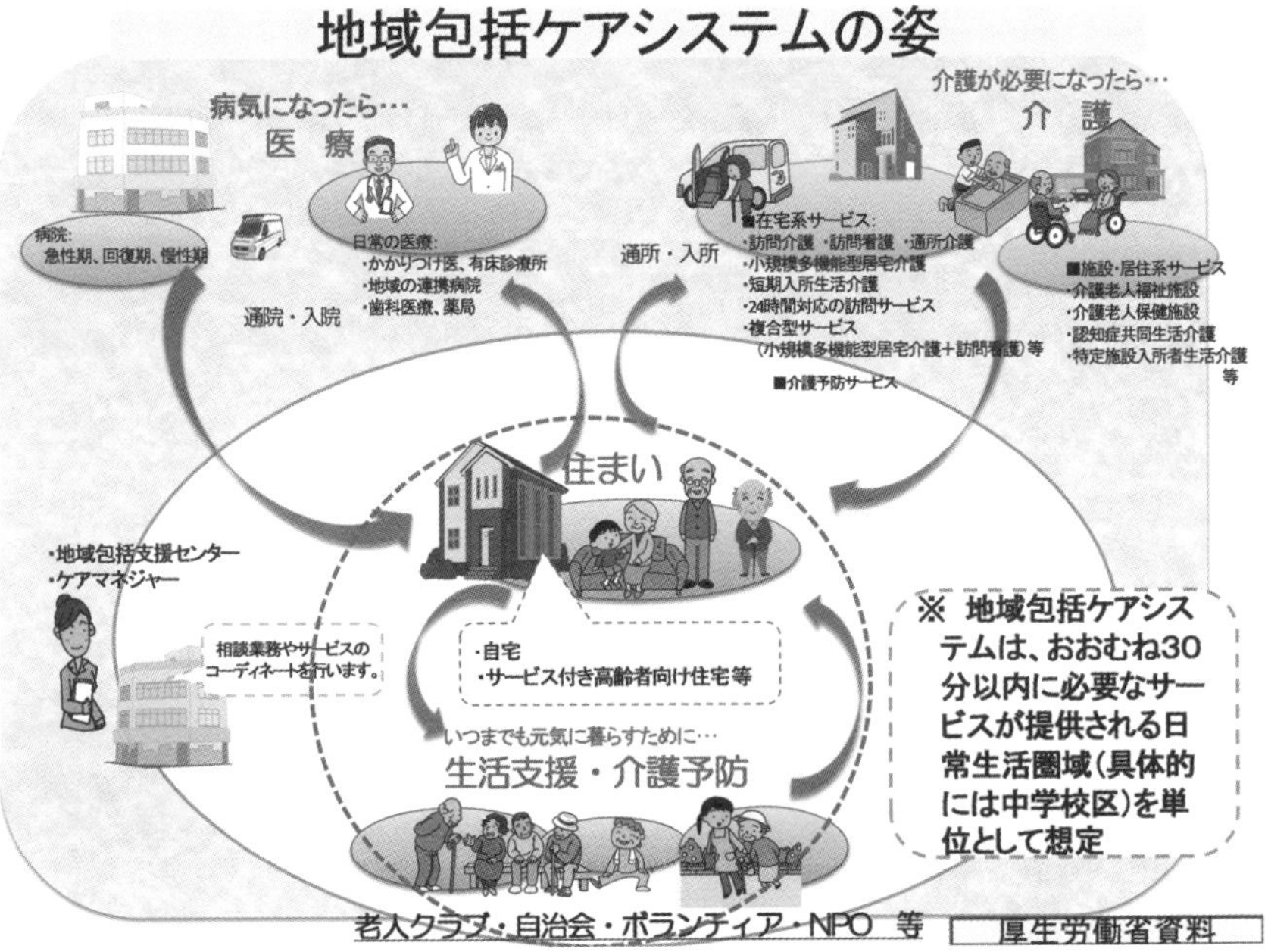

地域で暮らし続けることができるようにするため、市町村が中心となって、「介護」「医療」「予防」「住まい」「生活支援」が一体的に提供されるシステムとされています。この五つの構成要素のうち、「介護」は、前回（２０１１年）の法改正で、「定期巡回随時対応型訪問介護看護」などが制度化され、日中・夜間を通じて訪問介護と看護が一体的に提供されることで重度・単身者への24時間対応が地域で可能になるとされました。しかし、その普及は遅々として進んでいません。「医療」については、入院日数の縮減や病床再編で「病院追い出し」が促進されながらも在宅医療は立ち遅れ、医療介護連携もこれからの課題です。なお、「住まい」については、「自宅」または「サービス付き高齢者向け住宅」となっ

ており、その費用は全額自己負担であり、限りなく「自助」に委ねられています。

「介護予防・生活支援」の互助化

厚労省の地域包括ケアシステムの姿のイメージ図で「生活支援」と「介護予防」については「老人クラブ、自治会、ＮＰＯ等」を担い手に位置づけています（**図表④**）。

軽度者サービスの見直しは、「生活支援」と「介護予防」の提供主体を「住民主体等の多様なサービス」へと移行することにあります。

厚労省の「介護予防・日常生活支援総合事業のガイドライン」では、要支援者の生活支援ニーズについて、介護保険のホームヘルプ・デイサービスから、市町村の実施する総合事業に移行し、「要支援者自身の能力を最大限生かしつつ」「住民等が参画する多様なサービスを提供可能な仕組みに見直す」としています。

また、介護予防についても、従来、全高齢者を対象に、要支援・要介護状態に陥るおそれがある人を市町村が把握し、専門職が心身機能の維持改善を働きかける事業（二次予防事業）を制度改定では廃止してしまいました。地域での「居場所と出番づくり」が重要だとして、住民による高齢者の「通いの場」をつくり、そこで介護予防の取組みを行うことを推奨しています。

これまで介護保険給付で行ってきた生活支援サービスと市町村の責任でおこなってきた二次予防対象高齢者に対する介護予防事業を住民の「互助」に置き換えていこうという狙いです。

ガイドラインでは、「支援する側とされる側という画一的な関係性ではなく、地域とのつながりを維持しながら、有する能力に応じた柔軟な支援を受けていくことで、自立意欲の向上につなげていく」「60歳代、70歳代をはじめとした高齢者の多くは、要介護状態や要支援状態に至っておらず、地域で社会参加できる機会を増やしていくことが、高齢者の介護予防にもつながっていく。できる限り多くの高齢者が、地域で支援を必要とする高齢者の支え手となっていくことで、より良い地域づくりにつながる」と強調しています。生活支援と介護予防を「住民主体等の多様なサービス」へ移行することが、「自立意欲向上」と「高齢者の介護予防」にもつながり、「より良い地域づくり」にもつながると、一石三鳥のバラ色の構図を描いています。

しかし、高齢化が進む地域では、自治会役員や民生委員のなり手が容易に確保できないなど、地域活動の担い手にも不足する状態が続いています。また、国があてにする60歳代から70歳代前半の前期高齢者は、「悠々自適」の生活を送れるような十分な年金の人は少なく、生活のために働いている人も多く、住民ボランティアに参加する時間的・経済的余裕のない場合もあります。

国が言うように容易に「住民主体のサービス」を作り出すことはできません。また、要支援の高齢者はさまざまな生活上の困難を抱えており、在宅生活を送る上で専門職であるヘルパーの訪問やデイサービスへの通所が「命綱」になっている人も多く、単純に「住民ボランティア」が肩代わりできるものではありません。

「自助努力」と「助け合い」を押し付ける「規範的統合」

厚労省は、地域包括ケアシステムの構築において、住民を含めた関係者間での「規範的統合」の推進を強調しています。「規範的統合」という表現は、厚労省によれば「価値観、文化、視点の共有」とされ、「介護保険の自立支援や介護予防といった理念や、高齢者自らが健康の保持増進や介護予防に取り組むといった基本的な考え方、わがまちの地域包括ケアシステムや地域づくりの方向性を共有する」とされています（厚生労働省「介護予防・日常生活支援総合事業のガイドライン」）。「健康の保持増進」「能力の維持向上」に努める「義務」（介護保険法第４条）を一面的に強調し、個人の自助努力と、さらに家族、近隣で支え合うことを「自立支援・介護予防の理念・意識」とし、これらを住民や地域社会全体が共有し「統合」を図っていくという意味のようです。いわば「自助・互助の思想統合」のようなもので、空恐ろしさすら感じます。

要支援者のサービスを従来の指定事業者による「専門的サービス」から住民主体等の「多様なサービス」に肩代わりさせるために、さまざまな「受け皿」をつくるだけでなく地域社会全体が、「自助・互助」で思想統合され、有無を言わせず移行させるような仕組みを形作ろうとしているのです。

第2章　要支援サービスの保険給付外し──総合事業の仕組み

1　総合事業とは

地域支援事業とは

厚生労働省は、総合事業について、「介護保険制度内でのサービスの提供であり、財源構成は変わらない」（厚生労働省老健局資料）と、形式が変わるだけで介護保険制度の枠内からは外れないかのような説明を繰り返しています。

しかし、財源的にそうではあっても、地域支援事業は、介護保険制度の本体ではありません。

介護保険制度がスタートした2000年度には、保険給付（①要介護者に対する介護給付、②要支援者に対する予防給付）だけしかありませんでした。ところが、要介護者・要支援者のみならず、地域の高齢者全般を対象に、保険者である市町村が実施する「事業」として「地域支援事業」が、2006（平成18）年度から実施されました。内容は「介護予防事業」「包括的支援事業」（地域包括支援センター運営事業）と「任意事業」からなっていました。

これに、2011年の介護保険法改定（2012年度実施）で「介護予防・日常生活支援総合事業」（旧総合事業）が、加わりましたが、市町村の選択による事業とされたため、2013年度時点でも全国でわずか64市町村の実施にとどまっていました。

2014年の地域医療・介護総合確保法による介護保険法改定により、地域支援事業が大幅に再

（図表⑤）【参考】介護予防・日常生活支援総合事業（新しい総合事業）の構成

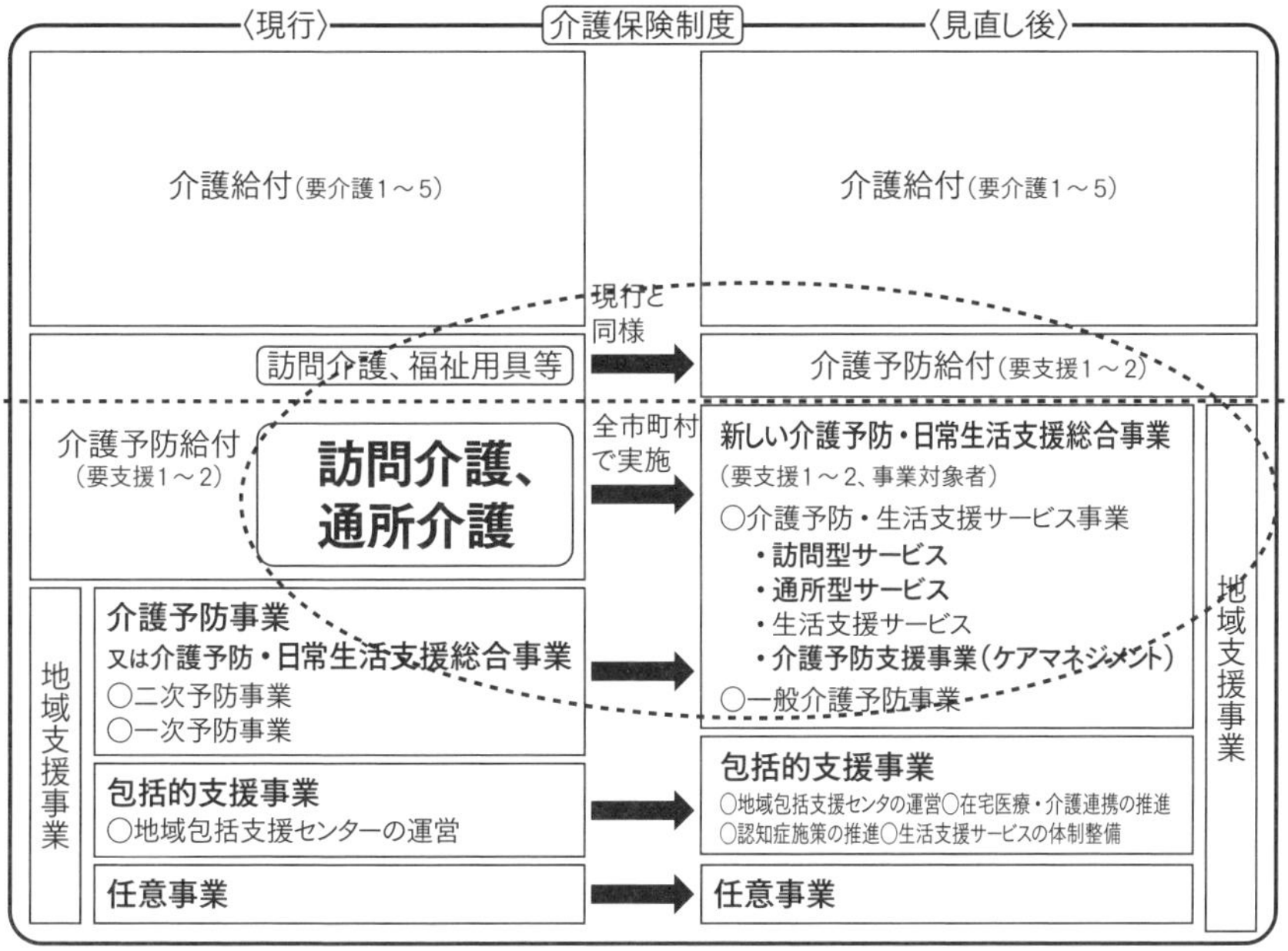

厚生労働省資料

編され、新しい総合事業が作られ、旧総合事業のように任意でなく、予防給付の見直しとセットで２０１５（平成27）年度から２０１７（平成29）年度に必ず全市町村で実施されることになったのです（図表⑤）。

保険給付と事業

①「保険給付」と「事業」のちがい

保険給付と地域支援事業の性格の違いをしっかり理解しておくことが大切です。

介護保険制度は、「保険」ですので、加入者（被保険者）は、①保険料負担の義務を負い、②保険事故（要介護状態）と査定（要介護・要支援認定）されたとき、③保険給付（介護サービス・予防サービスに対する給付）を受ける――という仕組みが制度の根幹です。２０００年度に介護保険制度がスタートした時は、保険給付のみだったことからも明らかなように、地域支援事業は介護保険制度に後から付け足された事業です。しかも地域支援事業は地域包括支援センターの運営など包括的支援事業を含めて保険給付の「３％以内」という財源的制約もあり、圧倒的な大きさを占める介護保険給付から見れば「おまけ」のような存在です。

分かりやすく言えば、健康保険組合も「療養の給付」という本来の機能のほかに、被保険者（組合員と家族）を対象として様々な「事業」を行っています。ヘルス事業や家庭常備薬配布、保養所の設置などですが、これらは被保険者の健康増進をはかり疾病を予防することにより、保険給付を抑制するためのものです。介護保険の地域支援事業も、介護予防を推進することにより、保険給付の抑制をねらったものです。

②「受給権」はなくなり、質の保証もされない

介護保険制度では、被保険者は要介護・要支援認定を受ければ「保険給付」を受けるという「権利」（受給権）を得ます。したがって、保険者（市町村）は、保険給付を提供する義務を負います。また、保険給付の対象となるサービスは法令により基準が決められ「質」が担保されます。これが「給付」の特徴です。

しかし「事業」は、保険上の受給権はありません。財源は介護保険から出ていても、サービスを提供するかどうかは事業実施者である市町村の判断となります。またサービスが提供されなくても、もともと保険給付ではないので、受給権の侵害にはなりません。

（図表⑥）要支援のヘルパー、デイサービスは市町村事業へ

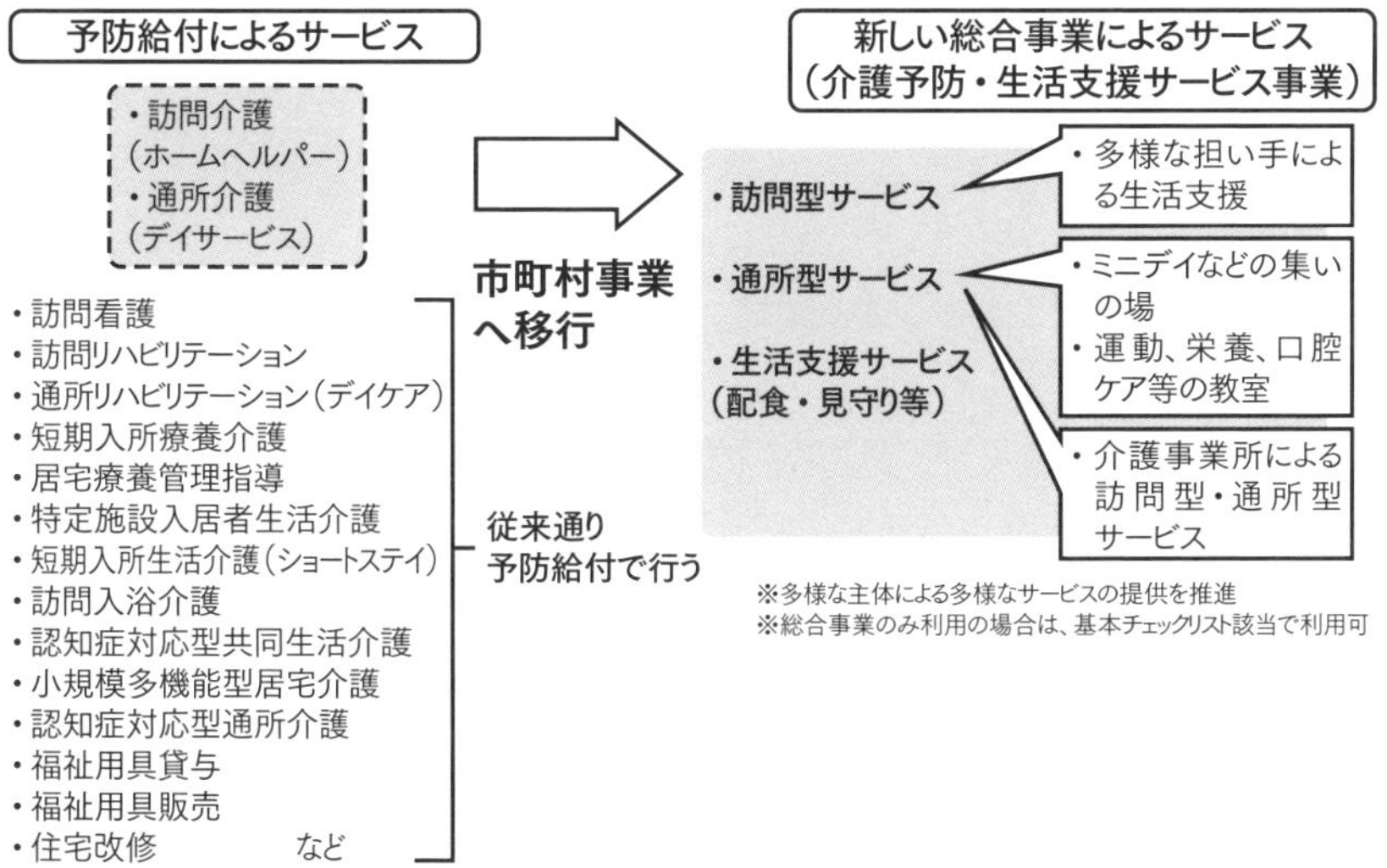

2013年11月14日社保審介護保険部会資料より

また、全国一律の基準でなく、地域支援事業の実施者である市町村が基準をさだめ、予算（事業費）の範囲内でサービスを提供することになるので、自治体間ではバラバラになります。

2　総合事業の枠組み

要支援者のホームヘルプ・デイサービスの保険給付を廃止

これまでの介護保険では、在宅サービスの大部分は、要支援者も要介護者と同じように利用することができていました。２０１４（平成26）年の法改定で、予防給付のうち訪問介護（ホームヘルプサービス）と通所介護（デイサービス）を廃止しました（施行は２０１５年４月）。一方で地域支援事業を再編し、新しい総合事業（介護予防・日常生活

支援総合事業）を作り、その中に「訪問型サービス」「通所型サービス」を設け、移行先としたのです。

当初、厚生労働省は、要支援者へのサービス全体を保険給付から除外し、地域支援事業化する案（「予防給付の全面的廃止」）を示していました。しかし、介護関係者や利用者、自治体などから「要支援切捨てでないのか」という批判や不安の声が沸き起こりました。このため、途中から、予防給付から廃止するのは、訪問介護（ホームヘルプサービス）、通所介護（デイサービス）だけに限定し、それ以外のサービスについては従来通り介護保険給付に残すことに変更したのです（**図表⑥**）。

サービスの種類、内容や価格、利用者負担は市町村の裁量で決められる

①「多様な方法」によるサービス事業の実施

改定介護保険法では、地域支援事業の中に「新しい総合事業（介護予防・日常生活支援総合事業）」が設けられ、その中に「介護予防・生活支援サービス事業」（以下「サービス事業」）がつくられ、「訪問型サービス」「通所型サービス」「生活支援サービス（配食等）」「介護予防支援事業（ケアマネジメント）」がつくられました。これらのサービス事業が保険給付を外される要支援者のホームヘルプ（介護予防訪問介護）・デイサービス（介護予防通所介護）の受け皿となります。

改定介護保険法にもとづき、厚生労働省は、自治体が総合事業を実施するために「介護予防・日常生活支援総合事業のガイドライン」（以下「ガイドライン」）を2015年6月5日に定め、基本的な考え方や手順を自治体に示しています。

（図表⑦）介護予防・日常生活支援総合事業（新しい総合事業）の構成

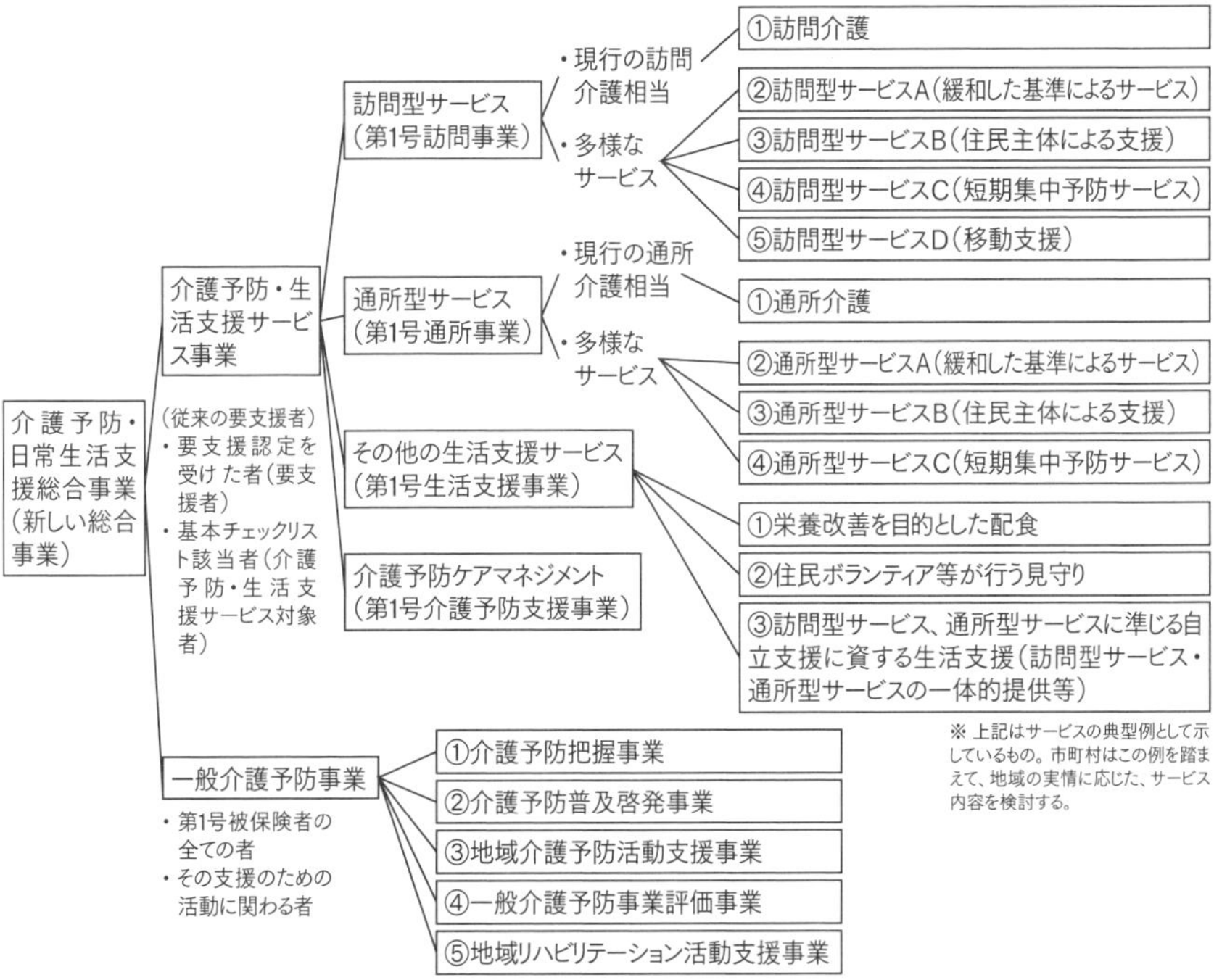

※厚生労働省ガイドライン案より

②「多様なサービス」で基準緩和・ボランティア活用で費用削減

・総合事業のサービス種類

ガイドラインでは、要支援者のホームヘルプ・デイサービスが総合事業に移行した場合のサービス多様化の「参考例」として、①「現行相当サービス」に加えて、②緩和した基準の「サービスA」、③ボランティアによる「サービスB」、④専門職による短期集中予防の「サービスC」などをあげています（**図表⑦**）。

・移行当初は現行の事業者が「現行相当サービス」にみなし指定される

このうち、①「現行相当サー

（図表⑧）

改定前		改定後	
		サービス種類例	担い手
介護予防訪問介護 介護予防通所介護 （全国一律の基準に基づく指定事業者）	移行 ⇨	**①現行の介護予防訪問介護・介護予防通所介護に相当するサービス**	**現行の事業者（見なし指定）**
		②緩和した基準による生活支援、ミニデイサービス（訪問型・通所型サービスA）	無資格者による提供可能
		③ボランティアなどによる生活支援、通いの場（訪問型・通所型サービスB）	住民ボランティア
		④保健師やリハビリテーション専門職等が行う短期集中予防サービス（従来の２次予防事業に相当）（訪問型・通所型サービスC）	専門職

（厚生労働省ガイドラインを参考に筆者が作成）

ビス」は、現在の要支援サービスを提供している事業者がそのまま移行することとなっています（見なし指定）。市町村が現行の介護報酬の単価を切り下げなければ、サービスそのものの存続は可能です。というよりも、「多様なサービス」は、つくりだすことが容易ではありませんし、できたとしても質的・量的に要支援者のニーズに応えることが困難です。総合事業移行当初は、サービス提供の大部分は既存の事業者による「現行相当サービス」の提供となるはずです（**図表⑧**）。

・総合事業のサービス単価

ガイドラインでは、国が定める額（予防給付の単価）を上限として市町村が定めるとされ、「単位」で表示され、１単位当たり単価も現行どおりとすることも可能です。ただし、現行の月額包括単価を出来高単価とすることも可能とされています。しかし、どんな場合でも「国が定める単価の上限額」を超過できません。逆に、国の定める単価よりも下げることは可能とされているのです。

・ガイドラインが示す「サービス類型」例

総合事業では、市町村が地域の実情に応じてサービスを類型化して基準や単価等を定めるとし、いわば「市町村任せ」の制度です。しかし、ガイドラインでは「多様化するサービスの典型例」を示しています。

ガイドラインでは、予防給付の訪問介護（ホームヘルプサービス）と通所介護（デイサービス）の移行先となる「訪問型サービス」「通所型サービス」について4タイプに分け、その提供主体と実施方法を示しました（26頁～27頁**図表⑨**参照）。

①現行の訪問介護等に相当するサービス　【指定事業者】

②緩和した基準（訪問型・通所型サービスA）　【指定事業者または委託】

③ボランティアなど（訪問型・通所型サービスB）　【補助】

④保健師などによる従来の2次予防事業相当（サービスC）【直営、委託、補助】

最大の問題は、「緩和した基準によるサービス」（サービスA）が、専門性を問わない「無資格者」を大量に活用することを奨励していることです。「訪問サービス」では、「一定の研修」さえ受ければ、ヘルパー資格なしで訪問サービスができ、「訪問事業責任者」も無資格者でも可とされています。この「サービスA」は、ホームヘルプ・デイサービスに「無基準」・「無資格者」によるサービスを混入することによって、専門性を薄め、掘り崩していくことになります。

そして、現行の指定事業者が、介護給付のホームヘルプ・デイサービスを実施しながら、「一体的」に総合事業の「サービスA」（基準緩和・無資格）も実施できることです。その際、介護給付サービス

（図表⑨）【参考】ガイドラインが示す　「サービス類型」

① 訪問型サービス　※　市町村はこの例を踏まえて、地域の実情に応じた、サービス内容を検討する。

○ 訪問型サービスは、現行の訪問介護に相当するものと、それ以外の多様なサービスからなる。

○ 多様なサービスについては、雇用労働者が行う緩和した基準によるサービスと、住民主体による支援、保健・医療の専門職が短期集中で行うサービス、移動支援を想定。

基準	現行の訪問介護相当	多様なサービス			
サービス種別	①訪問介護	②訪問型サービスA （緩和した基準によるサービス）	③訪問型サービスB （住民主体による支援）	④訪問型サービスC （短期集中予防サービス）	⑤訪問型サービスD （移動支援）
サービス内容	訪問介護員による身体介護、生活援助	生活援助等	住民主体の自主活動として行う生活援助等	保健師等による居宅での相談指導等	移送前後の生活支援
対象者とサービス提供の考え方	○既にサービスを利用しているケースで、サービスの利用の継続が必要なケース ○以下のような訪問介護員によるサービスが必要なケース （例） ・認知機能の低下により日常生活に支障がある症状・行動を伴う者 ・退院直後で状態が変化しやすく、専門的サービスが特に必要な者　等	○状態等を踏まえながら、住民主体による支援等「多様なサービス」の利用を促進		・体力の改善に向けた支援が必要なケース ・ＡＤＬ・IADLの改善に向けた支援が必要なケース ※３～６ケ月の短期間で行う	訪問型サービスＢに準じる
実施方法	事業者指定	事業者指定／委託	補助（助成）	直接実施／委託	
基準	予防給付の基準を基本	人員等を緩和した基準	個人情報の保護等の 最低限の基準	内容に応じた独自の基準	
サービス提供者(例)	訪問介護員（訪問介護事業者）	主に雇用労働者	ボランティア主体	保健・医療の専門職（市町村）	

② 通所型サービス　※　市町村はこの例を踏まえて、地域の実情に応じた、サービス内容を検討する。
○ 通所型サービスは、現行の通所介護に相当するものと、それ以外の多様なサービスからなる。
○ 多様なサービスについては、雇用労働者が行う緩和した基準によるサービスと、住民主体による支援、保健・医療の専門職により短期集中で行うサービスを想定。

基準	現行の通所介護相当	多様なサービス		
サービス種別	①通所介護	②通所型サービスA（緩和した基準によるサービス）	③通所型サービスB（住民主体による支援）	④通所型サービスC（短期集中予防サービス）
サービス内容	通所介護と同様のサービス 生活機能の向上のための機能訓練	ミニデイサービス、運動・レクリエーション等	体操、運動等の活動など、自主的な通いの場	生活機能を改善するための運動器の機能向上や栄養改善等のプログラム
対象者とサービス提供の考え方	○既にサービスを利用しており、サービスの利用の継続が必要なケース ○「多様なサービス」の利用が難しいケース ○集中的に生活機能の向上のトレーニングを行うことで改善・維持が見込まれるケース ※状態等を踏まえながら、多様なサービスの利用を促進していくことが重要。	○状態等を踏まえながら、住民主体による支援等「多様なサービス」の利用を促進		・ADLやIADLの改善に向けた支援が必要なケース　等 ※３～６ケ月の短期間で実施
実施方法	事業者指定	事業者指定／委託	補助（助成）	直接実施／委託
基準	予防給付の基準を基本	人員等を緩和した基準	個人情報の保護等の最低限の基準	内容に応じた独自の基準
サービス提供者(例)	通所介護事業者の従事者＋ボランティア	主に雇用労働者	ボランティア主体	保健・医療の専門職（市町村）

③その他の生活支援サービス

その他の生活支援サービスは、①栄養改善を目的とした配食や、②住民ボランティア等が行う見守り、③訪問型サービス、通所型サービスに準じる自立支援に資する生活支援（訪問型サービス・通所型サービスの一体的提供等）からなる。

（厚生労働省　介護予防・日常生活支援総合事業のガイドラインより）

の基準も緩和し、管理者が兼務することも可、サービス提供責任者の必要数算定にあたり要支援者は除外して計算するなど、既存事業者を参入しやすくしています。介護保険のホームヘルプ・デイサービスの指定事業者を、安上がりの「無資格者サービス」の大量導入に引きずり込むことを狙っているのです。

総合事業の導入は、ホームヘルプ・デイサービス全体に、混乱を与え、その専門性と社会的評価を低め、サービスの質を低下させる可能性があります。また、無資格者や住民ボランティアと同列の事業従事者にされたヘルパーなど介護労働者の賃金・労働条件には、「引下げ」の吸引力となって、これをいっそう低下・劣悪化する役割を果たすことになります。

さらに、「サービスB」は、「有償・無償のボランティア等による住民主体の支援」とされていることです。実施方法は、NPO等住民主体の支援実施者に対する補助（助成）を市町村が出す方式です。ガイドラインでは、人員・設備について一切の基準を示しておらず、わずかに「清潔保持」「秘密保持」「事故対応」などを運営基準に書いているだけです。このような「善意」「自発性」に基づく行為を、法令に基づく「サービス事業」に位置づけること自体に大きな無理があります。

要支援認定を省略して基本チェックリストのみでの利用も可能

総合事業の各サービスは、要支援者をその対象としていますが、保険給付ではないので、介護保険制度上の「受給権」を付与する「要介護・要支援」の認定を必ずしも必要としません。

これまで、市町村窓口では、高齢者や家族から相談があった場合は、要介護認定を受ければ介

（図表⑩）介護サービスの利用手続き

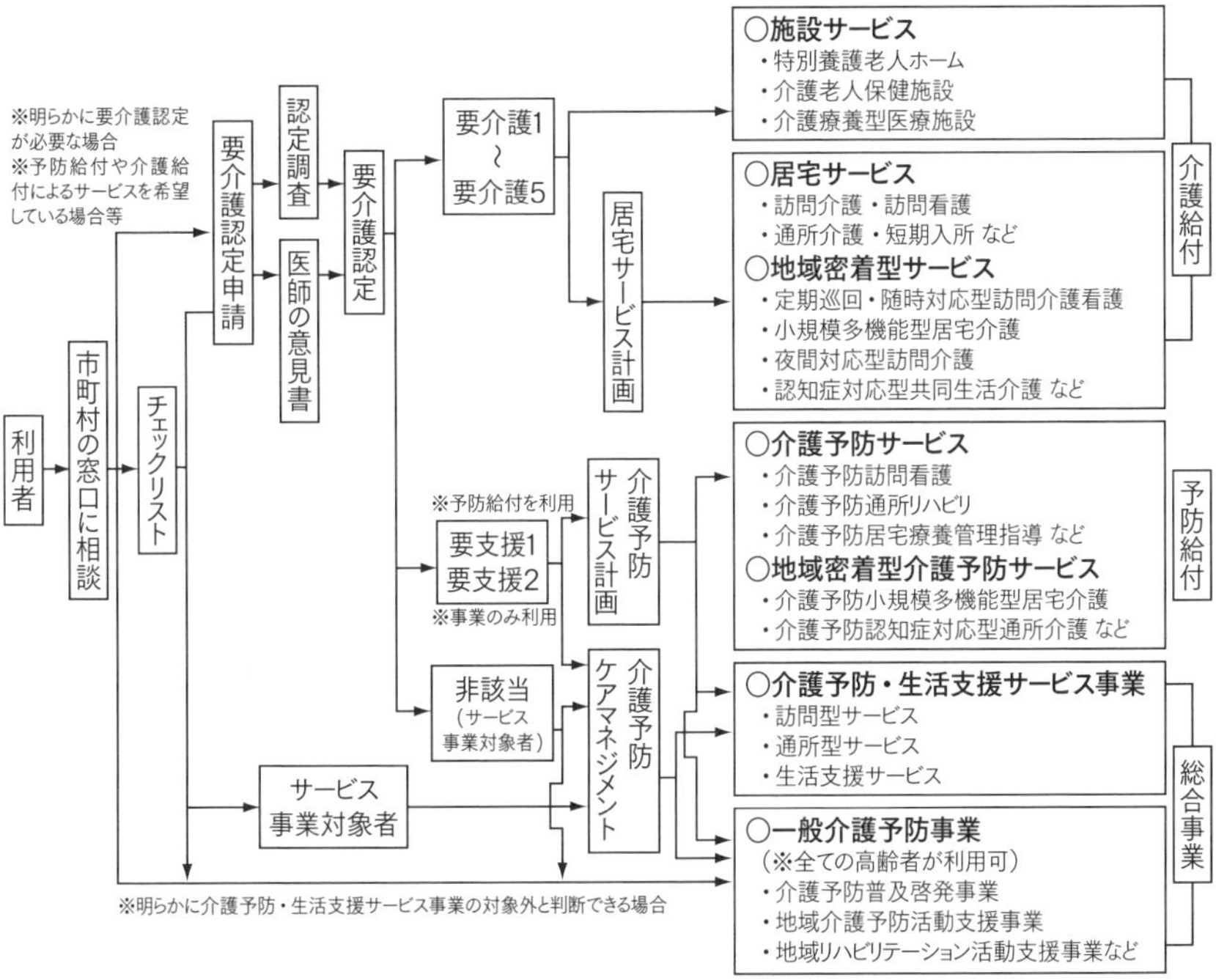

厚生労働省、介護予防日常生活支援総合事業ガイドラインより

護保険サービスが利用できることを説明し、認定申請を受け付けてきました。ガイドラインでは、窓口担当者は、サービス事業などについて説明した上で、「明らかに要介護認定が必要な場合」は、要介護認定等の申請の手続につなぐが、「総合事業によるサービスのみ利用する場合は、要介護認定等を省略して基本チェックリストを用いて事業対象者とし、迅速なサービスの利用が可能」と説明し、誘導するよう図示しているのです（**図表⑩**）。さらに、基本チェックリストを活用し「利用者本人の状況やサービス利用の意向を聞き取った上で、振り分けを判断

（図表⑪）基本チェックリストと基準

基本チェックリスト様式　　　　　記入日：平成　　年　　月　　日（　　）

氏名		住所		生年月日	
希望するサービス内容					

No.	質問項目	回答：いずれかに○をお付けください	
1	バスや電車で1人で外出していますか	0.はい	1.いいえ
2	日用品の買い物をしていますか	0.はい	1.いいえ
3	預貯金の出し入れをしていますか	0.はい	1.いいえ
4	友人の家を訪ねていますか	0.はい	1.いいえ
5	家族や友人の相談にのっていますか	0.はい	1.いいえ
6	階段を手すりや壁をつたわらずに昇っていますか	0.はい	1.いいえ
7	椅子に座った状態から何もつかまらずに立ち上がっていますか	0.はい	1.いいえ
8	15分位続けて歩いていますか	0.はい	1.いいえ
9	この1年間に転んだことがありますか	1.はい	0.いいえ
10	転倒に対する不安は大きいですか	1.はい	0.いいえ
11	6ヶ月間で2～3kg以上の体重減少がありましたか	1.はい	0.いいえ
12	身長　　　cm　　体重　　　kg　　（BMI=　　　　）（注）		
13	半年前に比べて固いものが食べにくくなりましたか	1.はい	0.いいえ
14	お茶や汁物等でむせることがありますか	1.はい	0.いいえ
15	口の渇きが気になりますか	1.はい	0.いいえ
16	週に1回以上は外出していますか	0.はい	1.いいえ
17	昨年と比べて外出の回数が減っていますか	1.はい	0.いいえ
18	周りの人から「いつも同じ事を聞く」などの物忘れがあると言われますか	1.はい	0.いいえ
19	自分で電話番号を調べて、電話をかけることをしていますか	0.はい	1.いいえ
20	今日が何月何日かわからない時がありますか	1.はい	0.いいえ
21	（ここ2週間）毎日の生活に充実感がない	1.はい	0.いいえ
22	（ここ2週間）これまで楽しんでやれていたことが楽しめなくなった	1.はい	0.いいえ
23	（ここ2週間）以前は楽にできていたことが今はおっくうに感じられる	1.はい	0.いいえ
24	（ここ2週間）自分が役に立つ人間だと思えない	1.はい	0.いいえ
25	（ここ2週間）わけもなく疲れたような感じがする	1.はい	0.いいえ

（注）ＢＭＩ＝体重(kg)÷身長(m)÷身長(m)が18.5未満の場合に該当とする

事業対象者に該当する基準

①	No.1～20までの20項目のうち10項目以上に該当
②	No.6～10までの5項目のうち3項目以上に該当
③	No.11～12の2項目のすべてに該当
④	No.13～15までの3項目のうち2項目以上に該当
⑤	No.16に該当
⑥	No.18～20までの3項目のうちいずれか1項目以上に該当
⑦	No.21～25までの5項目のうち2項目以上に該当

する」としています（**図表⑪**）。そして、その窓口担当者は「専門職でなくてもよい」としているのです。

これでは、専門職でない窓口職員が、介護保険利用希望者の要介護認定申請を封じ込めたまま、総合事業へ誘導し、介護保険サービスを使わせないという事態が引き起こされるのは明白です。ガイドラインには、一応「必要な時は要介護認定申請ができることを説明」とは記載していますが、市町村窓口を訪れる多くの高齢者は、要介護認定が何かも知らないことがあります。市町村窓口の態度一つで要介護認定という入口を封じ込められてしまう危険性があり、認定申請権の侵害につながりかねません。

また、要介護認定なしで総合事業のサービスが利用できるというと、サービス利用対象者の範囲が広がるかのようなとらえ方がありますが、ガイドラインは、「介護予防・生活支援サービス事業」の対象者について「改正前の要支援者に相当する者である」と明確にしており、現行以上の対象拡大はまったく想定していません。

基本チェックリストで心身の状態が該当しても、総合事業利用対象者になれるわけではありません。市町村が、基本チェックリスト実施結果を地域包括支援センターに送付し、介護予防ケアマネジメントが開始され、届出が市町村に提出されてはじめて「事業利用者」として、登録され、介護保険被保険者証（または介護予防手帳）が交付されるのです。

自立支援型ケアマネジメントで多様なサービスへの移行と「卒業」を迫る

総合事業の各サービスは、予防給付とおなじように「地域包括支援センター」が介護予防マネジメントを行うことによって利用できます。また、その一部を居宅介護支援事業所（ケアマネジャーの事業所）に委託することもできます。

しかし、ガイドラインでは、利用者に対して「自らの能力を最大限活用しつつ、住民主体による支援等の多様なサービスの利用を促す」としています。これまでのホームヘルプ・デイサービス（現行相当サービス）でなく、多様なサービスへと誘導するケアマネジメントを押し付けようとしています。

さらに、ガイドラインは、現行の予防給付以上に、「自立支援」を一面的に強調したケアマネジメント手法を示しています。

ケアプランは「明確な目標設定と本人との意識の共有」が重要として、目標達成期間を徹底し、モニタリング・評価では、「順調に進行した場合には事業を終了」し、セルフケアに移行できるようにするとしています。ガイドラインで紹介されている「好事例」は、「短期集中的なアプローチにより自立につなげる方策」ばかりが並べられています。そこには、多くの要支援者が「わずかな支援」を介護保険で受けながら、自分流の生活を長年継続しているという現実を全く無視し、「能力向上」「参加」が一面的に強調されています。短期間で総合事業サービスから「卒業」し、セルフケアへの移行や極端な場合は「ボランティアとして支え手に回る」ことをめざしているのです。

総合事業費には上限を設定

総合事業は、市町村では一般会計と区分された介護保険特別会計の中で経理がなされます。財源構成は、「国25％、都道府県12・5％、市町村12・5％、1号保険料22％、2号保険料28％」ですが、事業費に「上限」を付けられます。

市町村の総合事業の上限については、事業開始の前年度の介護予防訪問介護と介護予防通所介護、介護予防支援に介護予防事業の総額をベースとしますが、伸び率は、その市町村の「75歳以上高齢者数の伸び以下」の増加率しか認めないとしています。

総合事業の上限＝【①当該市町村の事業開始の前年度の（予防給付〈介護予防訪問介護、介護予防通所介護、介護予防支援〉＋介護予防事業）の総額】×【②当該市町村の75歳以上高齢者の伸び】

予防給付では、毎年5～6％の自然増予測がなされていましたが、後期高齢者の伸び（全国平均3～4％）以下に抑え込まれ、市町村は、現行相当サービスから、より費用の低い「緩和基準」のサービスA、さらに安上がりな「住民主体」のサービスBへと利用者を移行させていくことになります。

ただし、移行期間（2015年～17年度）については、「10％の特例」として、費用の伸びが②を上回った場合に、事業開始の前年度の費用額に10％を乗じた額の範囲内で、個別判断を不要とし、翌年度以降は①をその実績額におきかえるという特例措置があります。

２０１７年４月までに全市町村が移行開始

改定介護保険法では、介護予防訪問介護・介護予防通所介護（要支援のホームヘルプ・デイサービス）の予防給付廃止と総合事業移行を２０１５年４月施行としましたが、市町村は条例により、その実施を２０１７年４月まで延期できるという「猶予期間」が設けられました。

そのため、市町村ごとに順次移行が始まっています。また、実施市町村でも初年度は、要支援認定の更新者・新規認定者、新規事業対象者から移行するため1年間かかっての移行となり、全国で移行が完了するのは２０１８年３月末となります。

生活支援体制整備事業

総合事業とともに、地域支援事業の包括的支援事業の中に、「生活支援体制整備事業」が設けられました。「住民主体」の「互助を基本とした生活支援・介護予防サービス」を作り出すための仕組みとして「生活支援コーディネーター（地域支え合い推進員）」と「協議体」の設置をあげています。

このコーディネーターと協議体が、地域において、①地域のニーズと資源の状況の見える化、問題提起、②地縁組織等多様な主体への協力依頼などの働きかけ、③関係者のネットワーク化、④目指す地域の姿・方針の共有、意識の統一、⑤生活支援の担い手の養成やサービスの開発、⑥ニーズとサービスのマッチング――を行うという「手順」で、生活支援サービスを発掘・創造していくとしています（**図表⑫**）。市町村は「支援」の役割で、直接実施するのは、担い手に対する「各種研修」（介護保険制度、高齢者の特徴と対応、認知症の理解など）や、ボランティアポイント制などです。

（図表⑫）

生活支援・介護予防の体制整備におけるコーディネーター・協議体の役割

生活支援・介護予防の基盤整備に向けた取組

(1) 生活支援コーディネーター（地域支え合い推進員）の配置 ⇒多様な主体による多様な取組のコーディネート機能を担い、一体的な活動を推進。コーディネート機能は、以下のA～Cの機能があるが、当面AとBの機能を中心に充実。

(A) 資源開発	(B) ネットワーク構築	(C) ニーズと取組のマッチング
○ 地域に不足するサービスの創出 ○ サービスの担い手の養成 ○ 元気な高齢者などが担い手として活動する場の確保　など	○ 関係者間の情報共有 ○ サービス提供主体間の連携の体制づくり など	○ 地域の支援ニーズとサービス提供主体の活動をマッチング など

エリアとしては、第1層の市町村区域、第2層の中学校区域があり、平成26年度は第1層、平成29年度までの間に第2層の充実を目指す。
　① 第1層　市町村区域で、主に資源開発（不足するサービスや担い手の創出・養成、活動する場の確保）中心
　② 第2層　中学校区域で、第1層の機能の下で具体的な活動を展開
　※ コーディネート機能には、第3層として、個々の生活支援サービスの事業主体で、利用者と提供者をマッチングする機能があるが、これは本事業の対象外

(2) 協議体の設置 ⇒多様な関係主体間の定期的な情報共有及び連携・協働による取組を推進

生活支援・介護予防サービスの多様な関係主体の参画例

NPO　／　民間企業　／　協同組合　／　ボランティア　／　社会福祉法人　等

※1　これらの取組については、平成26年度予算においても先行的に取り組めるよう5億円を計上。
※2　コーディネーターの職種や配置場所については、一律には限定せず、地域の実情に応じて多様な主体が活用できる仕組みとする予定であるが、市町村や地域包括支援センターと連携しながら活動することが重要

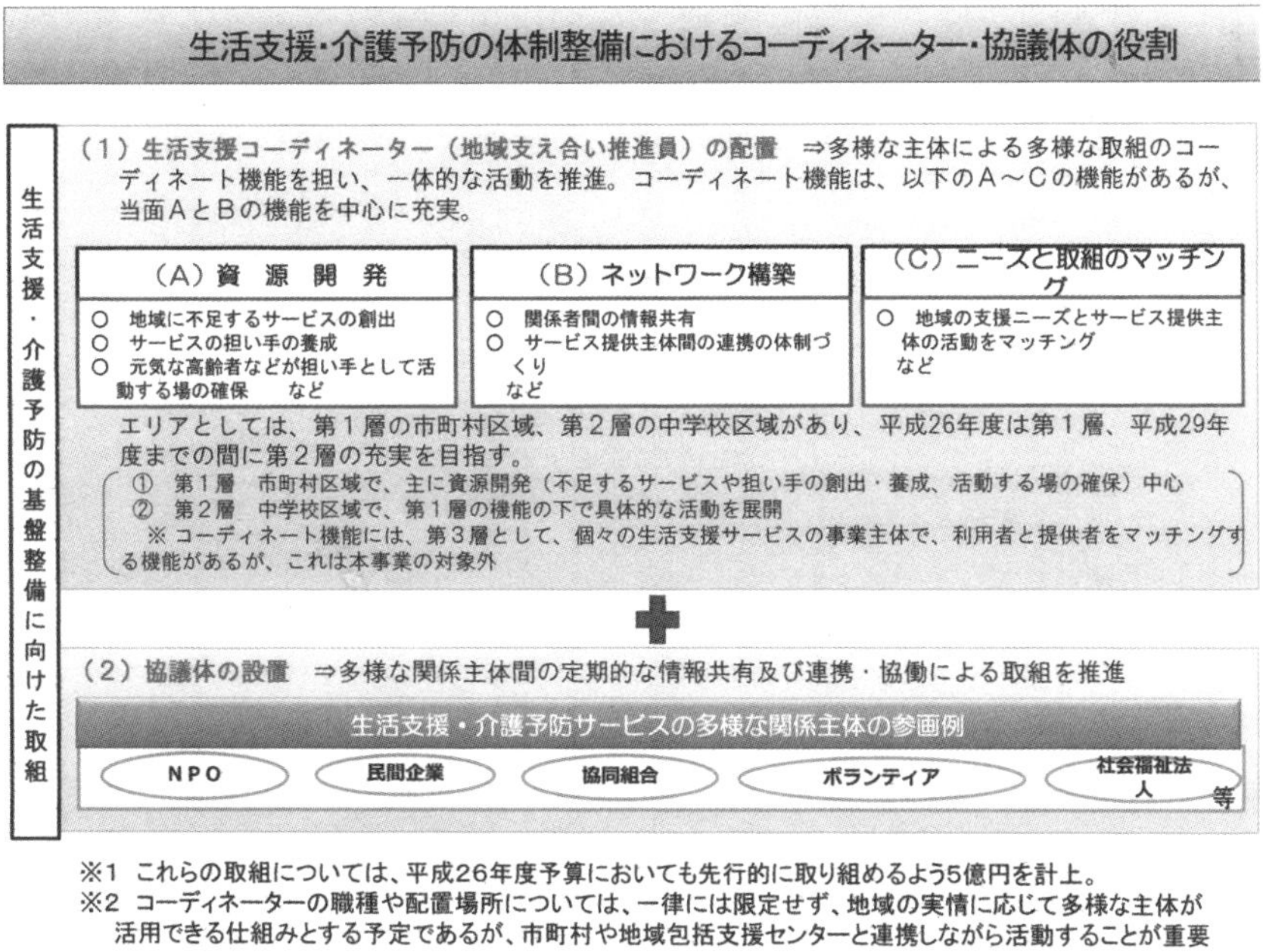

厚生労働省ガイドラインより

基本にある考え方は、「助け合い主義」というべきもので、住民の助け合いである「非雇用型サービス」（ボランティア）に生活支援と介護予防の多くを委ね、しかも、「自主性・主体性」を理由に、公費助成もわずかな額に抑えようとするもので、地域支援、地域福祉に対する公的責任をなくし、互助に委ねる仕組みを推し進めるものです。

第3章　総合事業の全国的実施状況

1　全国的な総合事業の実施状況

2015年4月実施は4・4%

改定介護保険法施行により、2015年4月から総合事業が施行されたものの、大半の市町村は、「多様なサービス整備」のめどが立たず、改定法施行と同時の2015年4月実施は全国でわずか78市町村（4・4%）で、2015年度中実施予定でも114市町村（7%）にとどまっていました（2015年1月厚労省調査）。

厚生労働省は猶予措置期間中でも、一定数の実施市町村を確保するために「早期移行」を推進してきました。市町村向けの「早期移行セミナー」を開催し、2015年度中実施ならば、介護報酬マイナス改定前の2014年度実績から総合事業費の「上限」が計算できるという「メリット」を強調するなどあの手この手での働きかけを強めてきました。

「早期移行セミナー」では、「通所型、訪問型ともに、既存の介護予防事業所はすでに『みなし指定』を受けている」「各サービス類型を拙速に設定せず、まずは、『みなし指定』のみで移行することが望ましい」「移行にあたって特別な事務は必要ない」と強調するなど、ネックになっている「多様なサービス整備」を横において「みなし指定」（現行相当サービス）だけでの移行を推奨する説明さえ行っていました。

（図表⑬）

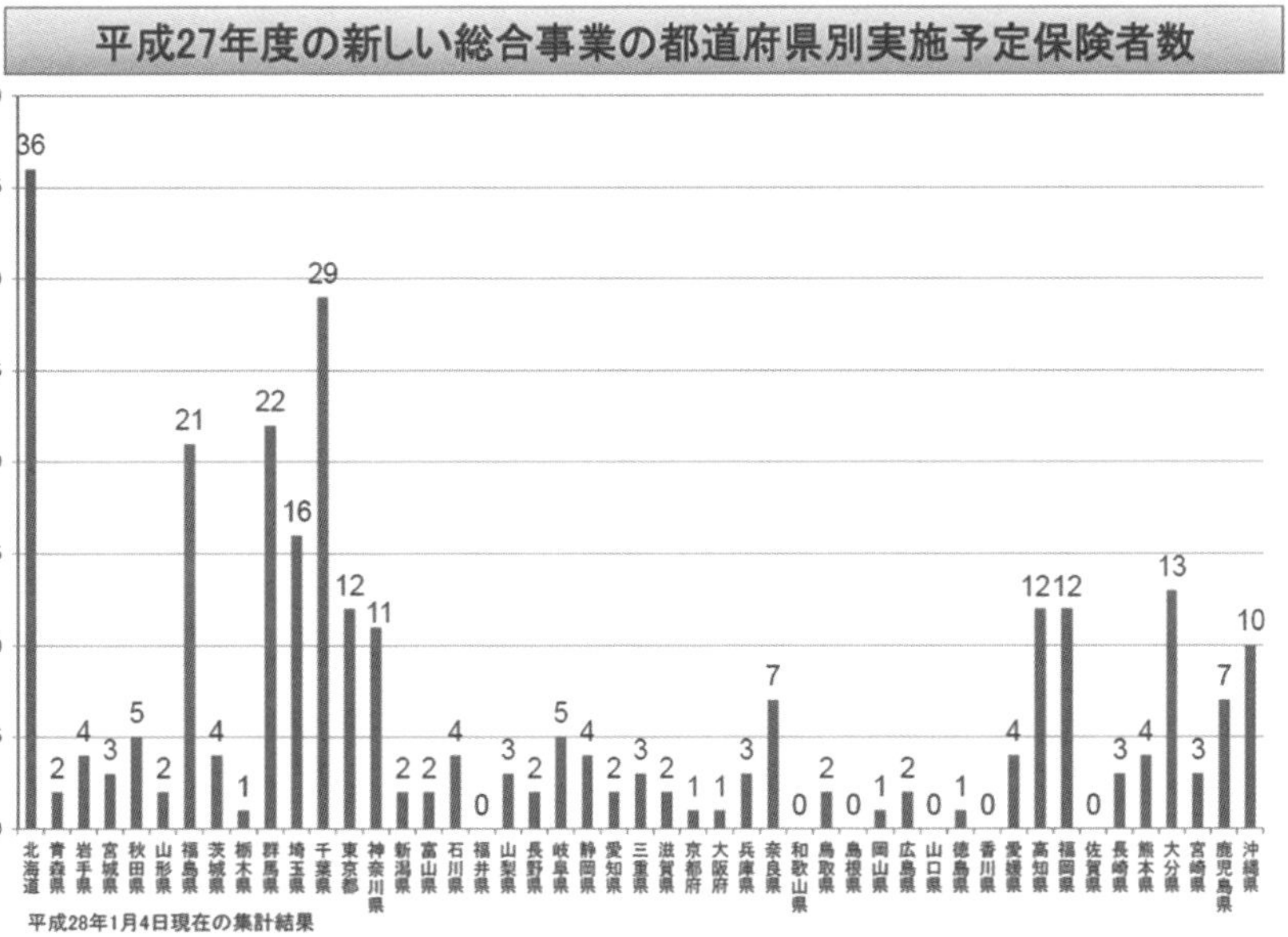

全国介護保険・高齢者保健福祉担当課長会議資料（2016年3月7日）

２０１６年４月には３割以上が実施、内実は…

こうした厚生労働省の「早期移行」策が功を奏して、「駆け込み実施」の市町村が現れ、「２０１７年度中実施」は２８３市町村（17・９％）と増え、２０１６年４月実施が２２２市町村、あわせると５０５市町村（32・０％）が２０１６年４月までに実施となりました（２０１６年1月厚労省調査）。しかし、ガイドラインが描くような「多様なサービス」による介護予防・生活支援が提供されるような体制の整備は依然として多くの自治体でめどが立っておらず、多くの市町村では、既存の訪問介護・通所介護事業所による「現行相当サービス」による提供がほとんどを占めるといった状況が見られます。住民の

(図表⑭)

別紙資料1-1

総合事業・包括的支援事業(社会保障充実分)の実施状況について①

平成28年1月4日現在の集計結果

	介護予防・日常生活支援総合事業				生活支援体制整備事業			
	平成27年1月調査	平成27年10月調査	平成28年1月調査		平成27年1月調査	平成27年10月調査	平成28年1月調査	
			保険者数	実施率(累積)			保険者数	実施率(累積)
平成27年度中	114	202	283	(17.9%)	634	711	744	(47.1%)
平成28年度中	277	319	311	(37.6%)	153	243	346	(69.0%)
うち平成28年4月	201	219	222	(32.0%)	87	162	233	(61.9%)
平成29年4月(総合事業)平成29年以降(総合事業以外)	1,069	966	953	(98.0%)	482	478	411	(95.1%)
実施時期未定	119	92	32	—	310	147	78	—
合計	1,579	1,579	1,579		1,579	1,579	1,579	

全国介護保険・高齢者保健福祉担当課長会議資料(2016年3月7日)

助け合い等の多様なサービスを作り出すための「生活支援体制整備事業」は2015年度中には744市町村(47・1％)、2016年4月までに61・9％の市町村が開始するとしていますが、まさに「着手」したところであり、果たしてそれが介護予防・生活支援の新たな担い手をどの程度作り出せるかはまったく未知数です(**図表⑭**)。

厚労省は、「早期移行のみでなく、その内容面の充実が図られるよう」市町村への支援を行うよう各都道府県を指導しています(2016年3月7日、全国介護保険・高齢者保健福祉担当課長会議)。

① **大きい地域格差**

都道府県別に総合事業実施状況を見ると、2015年度中実施がゼロの県が6県(福井、和歌山、島根、山口、香川、佐賀)

ある一方で、２０１８年度までに総合事業を大半の市町村が実施する県（大分県89％、高知県87％）があるなど、大きな格差が見られます。各県内においても実施時期や実施内容はバラバラです。市町村任せになった総合事業が早くも大きな地域格差とローカルルールを生み出しています（**図表⑬**）。

２　総合事業実施自治体のいくつかのパターン

総合事業が全国的に始まって1年余りが経過し、半数以上の市町村は２０１７年４月実施に向け準備・検討中です。すでに実施しているところの傾向をいくつかのパターンに分けることができます。ここでは、①国モデル率先実行型・「卒業」促進型、②基準緩和中心型、③現行相当サービスのみ形式的移行型――の三つに分けて、その内容や問題点についてみていきます。

国モデル率先実行型・「卒業」促進型

三重県桑名市では、ケアプランを担当するケアマネジャーを招集して、利用者が介護保険を「卒業」して地域活動に「デビュー」することを目標として、介護予防（＝生活機能の向上）に資するケアマネジメントを多職種協働で提案するという「地域生活応援会議」（地域ケア会議）を実施しています。この結果、多くのケアマネジャーは、半年程度でサービスを「卒業」し、ボランティアなどによる「住民主体による支援」に移行させることが迫られる結果となっています。

桑名市は、２０１５年４月から総合事業を実施しましたが、現行相当サービスのほかは、住民主体B型、短期集中C型などは作ったものの、基準緩和A型は人材養成が間に合わず実施当初はなしで出発しました。サービスを「卒業」後の受け皿になる資源が乏しく、市内では通所介護事業所72カ所に対し、「住民主体」のシルバーサロンなどは28カ所しかなく、回数も月1、2回が多く、入浴はおろか送迎すらなく、デイサービスの代わりにはならないといいます。

このため、利用者の中には、「月1万円払って週1回のデイサービスを自費で続けている」など、自費の介護サービス利用が増えているという報告もあるほどです。

桑名市は、こうした取り組みで、「要支援・要介護認定率の低減」をめざし、介護保険料も抑制するとして、具体的には、桑名市の要介護認定率16・18％を、地域ケア会議の「先進市」である埼玉県和光市の要介護認定率（9・6％）を目標に下げようというのです。

すでにその「効果」は、現れていて、2015年4月の総合事業実施から半年後の同年9月までに同市の高齢者（65歳以上）が532人増える中で、要支援・要介護認定者は逆に201人減っています。

なお、この「卒業」型の元祖である埼玉県和光市には、2015年11月、安倍首相が視察して、「リハビリによって支援が必要でなくなる人たちも出てきている。また、要支援だった人がサポートする側に回っているという事例も和光市で拝見をさせていただいた。これを横展開すると財政上、節減の効果も出てくる」と表明するなど、高く評価し、全国に広げるモデルとされています。

厚生労働省も、和光市にならって「自立支援型ケアマネジメント」のリハビリ職などによる「地域ケア会議」に県をあげて取り組んでいる大分県の取組を「好事例」として各方面に紹介するなど促進しています。

しかし、その和光市でも、「卒業」の名によるサービス打ち切りが問題となった事例が紹介されています。脳梗塞による右半身のまひなどで「要支援2」の76歳男性で、デイサービスに週2日、訪問介護も週1回利用していたのを2015年10月、すべて打ち切りになり、代わりに案内されたのは、市が総合事業で民間事業者に委託する健康教室で、週1回、わずか1時間半の利用。体力測定では、まひのない足でもほとんどバランスをとれず、片足立ちの記録は0・4秒。転倒の恐れがあるため、見守りや介助なしでは歩けない状態です。明らかに間違った判断による「卒業」の強制であったため、同市の担当部長も誤りを認めたといいます。市内の介護関係者は、必要な介護を打ち切った事例が以前にも多数あったと証言。「入浴の見守りを必要とする90代の方が、訪問介護を打ち切られました。他の自治体だったら継続のはず。和光市は『御用聞きヘルパー』や『お楽しみデイサービス』はダメだといい、卒業への努力を利用者に強く求めますが、それについていけない人もいます」（「しんぶん赤旗日曜版」1月29日参照）。

安上りサービスを押し付ける「基準緩和中心型」

「基準緩和A中心型」とよぶべきタイプもあります。これから総合事業開始の準備をしている自治体では多く見られます。厚労省は、総合事業を住民の「支え合い」「助け合い」を担い手にする手段としていますが、実際は、そのような担い手養成は簡単にはいきません。そこで、多くの自治体では、既存の介護事業所に「無資格」・「安物」サービスを担わせることで無理やりに「多様なサービス」

を作ろうとしています（図表⑮）。

（図表⑮）訪問型・通所型サービスA（基準緩和）の例

緩和した基準による生活支援、デイサービス 【実施方法】指定事業者 ①無資格者可（一定の研修） ②設備基準緩和 ③個別サービス計画なしも可 ④衛生・守秘義務・事故対応など 【提供者】主に雇用労働者 ※報酬は予防給付より大幅に低い　8割～5割

新潟県上越市では、基準緩和A型は、予防給付の8割の基本報酬とし、ほとんどの事業所が「基準緩和A型」に参入しました。上越市の「2015年度中利用者見込」では、現行相当50％、基準緩和50％とし、1年以内に要支援の利用者の半分を緩和型サービスに移し替えることにしています。新潟県社保協が2015年8月に実施した「事業者アンケート」では、「今までの利用者を放り出すことはできないので参入した」（訪問介護事業所）、「緩和された利用者を受け入れることで報酬が下

がることになり経営が悪化している」（通所事業所）という回答が相次ぎました。今までの利用者に同じようなサービスを提供させながら報酬単価だけを下げる結果になり、事業所の中には事業継続が困難になり、撤退に追い込まれるところもあり、地域の介護基盤を崩壊させかねません。

「現行相当サービス」のみで実施の自治体

第三のタイプとして、「形式的移行（現行サービス中心）型」があります。「多様なサービス」はあえて急いで作らず、当面は、現行の訪問介護・通所介護事業所を「みなし指定」として総合事業のサービスを担わせるというものです。２０１６年3月から実施した岡山県倉敷市は、現行相当サービスのみで実施し、単価も内容も「これまでどおり」とし、基本チェックリストは認定を希望しない場合のみ実施と説明しています（44頁・45頁の市民向けチラシ参照）。

ほかにも２０１５年度開始の市町村の中には、小規模自治体を中心に「サービス内容も単価もすべて現行どおり。法改正になったのでそのまま移行した。利用者からも事業者からもこれまでどおりなので特に苦情は出ていない」「基本チェックリストでは不十分なので、第６期中は総合事業に移行してもこれまでどおり要介護認定を受けてもらう」といった報告も相当数あります。

国の法改定で、総合事業そのものの実施は避けられないとしても、地域の介護の実情から出発し、国のガイドラインを鵜呑みにせず、まずは、現在のサービスを維持・確保することを最優先し、「助け合い」「支え合い」「介護予防」の地域づくりはじっくりと時間をかけて検討するという「どっしり」と構えた自治体らしく、現実的な選択といえます。

（倉敷市の市民向けチラシ）

介護保険の要支援1．2の認定を受けておられる方へのご案内

介護予防・日常生活支援総合事業（総合事業）が始まります！

平成28年3月から、要支援1・2の方のホームヘルプサービスやデイサービスを、認定の更新時に合わせて『総合事業』に移行します。

介護保険制度改正に伴い、現在要支援1・2の認定を受けた方に提供されている「ホームヘルプサービス（介護予防訪問介護）」と「デイサービス（介護予防通所介護）」は、市町村が実施する「介護予防・日常生活支援総合事業（総合事業）」に移行することとなりました。

全ての市町村が、平成29年4月までに総合事業を実施することとされていますが、倉敷市では、**平成28年3月から実施**します。

現在要支援1・2の方でホームヘルプサービスとデイサービスを利用されている方は、認定の更新時に総合事業に移行することになりますが、**ケアマネジメントに基づき、必要な方は引き続き従来と同様のサービスを受けることができます。**

〈現行〉

介護予防給付（要支援1・2）
- 訪問看護・福祉用具等 ⇒（現行と同様）⇒ 介護予防給付（要支援1・2）
- ホームヘルプサービス・デイサービス ⇒（事業に移行）⇒ 介護予防・日常生活支援総合事業（要支援1・2 等）

〈総合事業移行後〉

※　介護予防を強化する目的で、サロン等の集える場の充実を時間をかけて進め、高齢者の方々が地域でいきいきと暮らしていける地域づくりを推進してまいります。

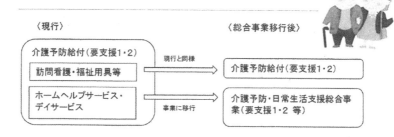

（倉敷市の市民向けチラシ）

★総合事業へ移行したらどうなるの？

①必要な方は従来の「ホームヘルプサービス」や、「デイサービス」と同様のサービスがご利用いただけます。

総合事業への移行後も高齢者支援センター等によるケアマネジメントに基づき、必要な方は引き続き従来の「ホームヘルプサービス」や「デイサービス」と同様のサービスを受けられます。

②現在の介護保険の被保険者証（認定）は、そのまま使えます。（認定期間満了まで）

③要支援認定申請（更新）は今までどおり行えます。

④ 現行の「ホームヘルプサービス」や「デイサービス」と同様のサービスを利用する場合、サービス利用料金に変更はありません。

※介護予防訪問看護・介護予防通所リハビリテーション（デイケア）等の利用、福祉用具の貸与等については現行どおりです。

詳しくは管轄の高齢者支援センターにお尋ねください。

（問い合わせ先）
倉敷市健康長寿課地域包括ケア推進室
電話　086－426－3417

平成27年12月作成

3　大阪府と神奈川県、政令指定都市の比較検討

総合事業開始に際して、市町村の担当者は何を考え、どう判断し施策を組み立てるのでしょうか。これを考える手掛かりに、大阪府の大阪市と堺市、神奈川県の横浜市と川崎市の四つの政令指定都市の総合事業についてヒアリング結果や資料をもとに比較検討します。

大阪市と堺市

大阪市と堺市はともに、総合事業実施は2017年4月で、2015年度中に審議会で「素案」のまとめ、その後2016年度前半に「決定」、後半から実施準備というスケジュールで準備をすすめています。サービス類型など共通するものもありますが、現行の指定事業者の取り扱いについて、隣接する市でありながらまったく逆の方針をとっています（両市とも案の段階であり、3月末時点での状況です）。

①大阪市

・「住民主体サービス」はなし

大阪市の特徴は、生活支援体制整備事業はモデル事業実施はしているものの、総合事業移行時点では、「住民主体サービス」はまったく想定していないことです。担当課長は「これまでどおり必要な方に責任をもって提供できるようボランティアや個人にゆだねることなく、指定事業者制により実

施してまいりたい」（大阪市社会福祉審議会高齢者福祉専門分科会での説明）と、総合事業においては「指定事業者」によるサービス提供を明言しています。
サービス類型では、訪問型・通所型とも「現行相当」「基準緩和」「短期集中」の3類型で住民主体型はありません。しかし、現行相当とともに、基準緩和型が「事業の柱」になるとしています。

（図表⑯）大阪市の介護予防・生活支援サービス事業案

【訪問型サービス】
・介護予防型訪問サービス（既存の介護予防訪問介護相当）
・生活援助型訪問サービス（基準緩和型：A型）
・サポート型訪問サービス（短期集中型：C型）
【通所型サービス】
・介護予防型通所サービス（既存の介護予防通所介護相当）
・短時間型通所サービス（基準緩和型：A型）
・選択型通所サービス（短期集中型：C型）

（2016年3月30日の大阪市資料をもとに作成）

・訪問型は無資格サービスに既存事業者を参入させる

訪問型サービスでは、介護人材確保が困難になっており、将来大きく人材不足になる見込みであることを理由に「新たな領域」での人材確保として、資格要件を緩和した「緩和型サービス」を導入し、これへの参入は既存の訪問介護事業者を想定しています。

生活援助については、「訪問介護員から研修受講者による支援に置き換える」とし、単価設定は「現行相当サービス」の75％というものです。大阪市の説明では、「人件費部分は、訪問介護員の身体介護の時給単価が１３００円程度、家事援助の方の単価が９５０円程度と一定の差が見られる」というのがその理由です。

利用対象者については、「既存の利用者は現行相当サービス」としながら、新規の利用者は身体介護以外は、緩和型の利用という考え方です。「93％の方は掃除・洗濯・買い物等の生活援助のサービスが中心」との認識で、将来的に増加する利用者は「緩和型」で対応したいとの考え方です。

しかし、最大の問題点は、無資格者にしたからといって介護事業所が人材を確保できる展望が全くないことです。わずか９５０円程度の時給で人材が確保できるとは到底考えられません。さらに、わずかな研修で実際に訪問活動が円滑にできるとも考えられず、多くの事業所は既存の有資格のヘルパーで対応せざるを得ず、報酬だけが大幅に下がるという結果になりかねません。

・通所型は「緩和困難」といいながら短時間緩和型を導入

大阪市は通所型サービスについては、「定員が少なくなると実際のミニデイ相当まで基準が緩和されている」「国の基準緩和の考えで設定すると現行と何ら変わらない運営をしているのに、報酬だけが下げられるという可能性がある」ときわめて正しい指摘をし、人員・設備基準の緩和は行わないという結論に至っています。ところが、「時間で基準緩和」という考え方を打ち出し、「3時間未満」の場合は報酬を70％にするとしています。

大阪市は、「入浴だけのニーズ、利用開始時の短時間利用」などを想定し、短時間はコストがかからないと、大幅カットの理由を説明していますが、こうした理由なき報酬の切り下げは、２０１５年度報酬改定で20％以上もの切り下げで疲弊し経営困難となった通所介護事業の経営にさらなる打撃を与えかねません。

・自立支援型ケアマネジメントは特段の仕組みなし

大阪市では、現行の介護予防プランは大半が居宅介護支援事業所に委託しており、総合事業でもこの枠組みを維持するようです。利用者に「卒業」を迫ったり、緩和型サービスへの移行を促進する「自立支援型ケアマネジメント」の仕組みについては、今のところ「考えていない」との対応です。

大阪市の高齢者介護の特徴は「低所得者と一人暮らし」が全国平均よりも多く、要支援者の構成割合が多いことが特徴です。そのため、居宅サービスの利用割合が高く、とくに、給付総額に占める訪問介護の割合が高いという特色があります。言い換えれば、「貧しい一人暮らしの高齢者をホームヘルプサービスとデイサービスなどが支えることによって、地域での暮らしを維持している」といえます。大阪市の総合事業案は、ホームヘルプを無資格者導入で大幅に報酬を切り下げ、デイサービスは短時間を大幅にカットするというものです。低所得・一人暮らしの生活を支える訪問介護・通所介護事業所はこれによって大打撃をこうむることになります。

（図表⑰）大阪市の事業対象者判定の独自ルール案（2016年3月30日）

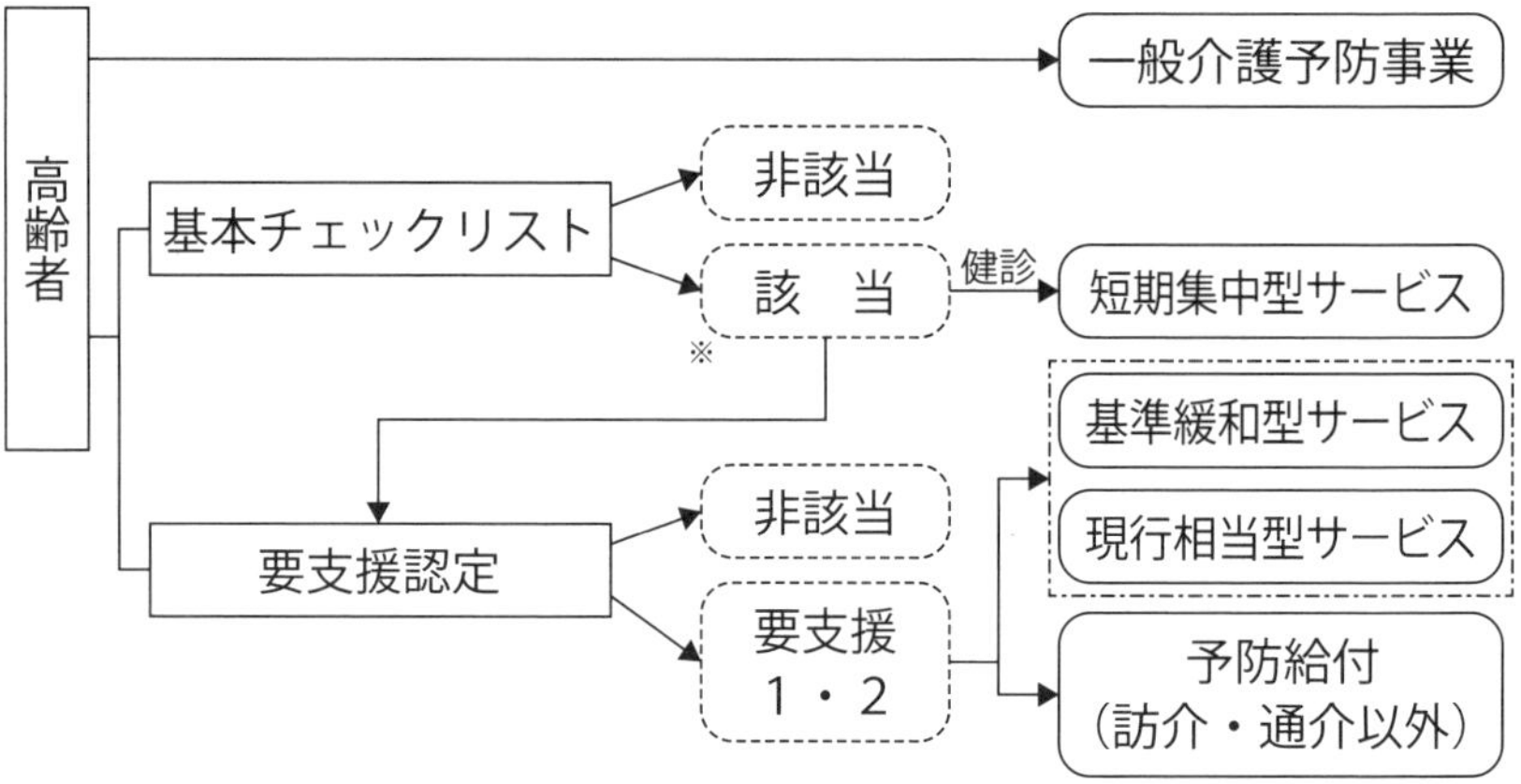

※基本チェックリストで「該当」になっても、「基準緩和型」「現行相当」サービスを利用するためには、要支援認定を受ける必要がある

2016年3月30日の大阪市資料をもとに筆者が作成

・基本チェックリスト＋要支援認定—事業対象者判定の独自ルール案

私たちは、「要支援認定をさせず、基本チェックリストで振り分けを行うことは認定申請権の侵害につながる」と指摘し、すべての利用相談者に要介護認定申請を促すように要求してきました。

そうした中で、大阪市は２０１６年３月末に突如、「事業対象者判定」の独自ルール案を示しました。

大阪市案は、①基本チェックリストで「該当」となった人は、健診を受けて、総合事業の「短期集中型サービス」は利用できる、②基本チェックリストで「該当」となった人が、総合事業の「基準緩和型サービス」「現行相当型サービス」を利用する場合は、さらに「要支援認定」を受けて要支援１・２と認定されることが必要—というものです。

これは、基本チェックリストによる事業対象者判定では問題があるということを大阪市が認めたという側面はありますが、基準緩和・現行相当サービスを利用するためには、また、要支援認定を受けなければならず、「二重の関門」による利用抑制という重大な問題があります。大阪市は、「真に必要な方に適切なサービスが提供され、いたずらに事業費が増加することがなくなる」としており、二重関門による給付抑制が狙いであることは明らかです。

不当な「独自ルール」を撤回させ、私たちが要求しているように、チェックリストによる振り分けを止めて、最初からすべての相談者に要介護認定申請を案内するという方法に変更させるべきです。

②堺市

堺市では、社保協を中心に、市内の介護事業者に広く呼びかけて学習会開催、アンケートを行い、市当局への要求提出と交渉、議会への市民署名提出などの運動を進めた結果、市当局の総合事業案を大幅に手直しさせ、私たちの要求を一定反映させることができました。

今年3月末時点での到達点と特徴については次のようなものです。

・ガイドラインの類型を実施せず

堺市は、当初のサービス類型案では、国のガイドラインのサービス種別を踏まえて訪問型、通所型とも4種類の類型を示していました。

しかし、さまざまな意見が寄せられる中で修正され、3月29日の審議会では、次のような素案となりました。

・「多様なサービスは現行サービスに置き換わらない」と明記

「国の例示と堺市の考え方」として、「現行相当サービス」について「生活援助であっても、専門職であるヘルパー等の有資格者によるサービスは必要」「多様な主体によるサービスは徐々に整備されていくものであり、また現行サービスに置き換わるものではない」と明記しました。

・緩和基準サービスA型は「実施しない」

「緩和した基準によるサービスA型」については、「国が示している人員基準緩和（一定の研修受講者によるサービス）により、ヘルパー等の有資格者に換わる人材の確保及び事業者の参入が見込めないため実施しない」（訪問型）、「国が示している人員基準緩和（生活相談員、機能訓練指導員、看護職員が不要）では、通所介護事業者が併設して実施する場合、基準緩和にはならないため、通所介護事業者の参入は想定できない」「他の事業者による参入も見込めないため実施しない」（通所型）と、明確に実施しないとしました。とくに、国の例示が自治体レベルでは実態に合わず現実性がないことを明記した意義は大きいものがあります。

・住民主体サービスは「趣旨がちがう」としながら「担い手登録型」をもくろむ

「住民主体サービスB型」については、現に市内にある地域の自主的取り組みについては、「ケアプランに基づいたサービスに位置付けることは、趣旨が異なる」と明確にしました。しかし、「意欲ある担い手が、事業者に登録することにより、事業者が担い手と支援が必要な者を結びつける仕組みをつくる」として「高齢者が社会参加する仕組みのひとつとして実施する」としました。これが、「担い手登録型サービス」という堺市独自の類型です。訪問型では、「従来のヘルパーに加えて新たな担い手の確保を目指す」として、1日6時間×2日間程度の研修修了者によるサービス、通所型では数団体のＮＰＯによるサービスをもくろんでいます。
なお、当初案では「各サービスの併用不可」としていたものを撤回し、現行相当サービスと他のサービスとの併用利用への道を開きました。

（図表⑱）堺市のサービス類型案

【訪問型サービス】
Ⅰ現行相当訪問サービス（予防訪問介護の指定事業者（訪問介護員））
Ⅱ担い手登録型訪問サービス（本サービスの指定事業者（登録会員等））
【通所型サービス】
Ⅰ現行相当通所サービス（予防通所介護の指定事業者（専門職等））
Ⅱ担い手登録型通所サービス（本サービスの指定事業者・団体（登録会員等））
Ⅲ短期集中通所サービス（本サービスの委託事業者（専門職等））

（２０１６年３月29日の堺市資料をもとに作成）

・移行初年度は

総合事業への要支援者の「移行時期」については、ガイドラインの「更新認定者から順次移行」方式でなく「２０１７年４月１日一斉切り替え」としています。

ただ、移行前と後の対比表（H28・29年度対比表）では、ホームヘルプ・デイサービスの利用者すべてが現行相当サービスに移行することを明確にし、移行時の「平成29年度は100％現行相当サービスになる」（ヒアリングでの回答）と言明しています。

・自立支援型ケアマネジメントを打ち出す

堺市は「自立支援型ケアマネジメントへの転換」を図るとして、多職種によるケアプランの内容を検討する「ケアプラン支援会議」の開催を打ち出しました。

要支援1のプランの作成者（ケアマネジャー・地域包括支援センター）とサービス事業者が会議に招集され、理学療法士などリハビリ関係職から助言を受けるもので、1件30分で1回の会議で6件、最低、週1回は開催するというものです。大分県や埼玉県和光市などの方法をまねただけとしか考えられないものですが、多様なサービス整備が進まない中で、「サービスからの卒業」が強制されるような仕組みになれば、重大です。

・総合事業費の上限額について

堺市資料によれば、直近4年の後期高齢者の平均伸び率は約4・7％。予防給付のうち総合事業への移行分と予防事業の合計額は同時期平均14・8％と3倍になっています。これについて、堺市当局はこのギャップについて示すだけにとどまり、どう対応するかの具体的な説明はありません。

横浜市と川崎市

横浜市は、政令指定都市のトップを切って、2016年1月から総合事業を実施し、川崎市は

２０１６年４月からの実施です。両市も隣接した政令指定都市でありながら、それぞれ独自にサービス類型案を打ち出しています。この2市については3月18日に、現地の社保協とともに大阪社保協としてヒアリングを実施しました。

①横浜市

・訪問型は基準緩和、通所型は現行相当のみ

横浜市は、２０１６年1月には、現行相当サービスのみで実施し、２０１６年10月頃に、訪問型だけ基準緩和を順次実施するものの、通所型については、「基準緩和を行う余地が少ない」として基準緩和サービスを設定しないことにしています。住民主体B型については、インフォーマルサービス調査結果や介護保険運営協議会の意見等を踏まえ「２０１７年度の本格実施に向け内容を検討」としています。

（図表⑲）２０１６年1月移行当初　横浜市の総合事業サービス

【訪問型サービス】
横浜市訪問介護相当サービス　（現行相当サービス）
横浜市訪問型短期予防サービス　（区保健福祉センターの保健師等）
※サービスＡ（緩和した基準サービス）は２０１６年度下半期導入予定

【通所型サービス】

横浜市通所介護相当サービス　（現行相当サービス）

※緩和した基準サービスは当面設定しない

サービスB（住民主体サービス）については、インフォーマルサービス調査結果や介護保険運営協議会の意見等を踏まえ「2017年度の本格実施に向け内容を検討」

（横浜市資料をもとに作成）

訪問型サービスの基準緩和型A（「横浜市訪問型生活援助サービス」）は、一定の研修受講者によるサービス提供とし、横浜市が標準テキストを作成し、講義＋同行訪問の研修を予定。報酬単価は現行相当の90％（時給比較算定85％、人材確保等を考慮し5％をプラスして90％に）としています。

・基本チェックリストはモデル地区住民のみ試行実施

総合事業は2016年1月から実施していますが、対象は要支援認定者のみで、基本チェックリストは、各区1カ所の地域包括支援センターの地域住民対象に試行実施としています。

・介護予防ケアマネジメント

現行の介護予防プランは約60％が居宅介護支援事業所に委託しており、総合事業でもこの枠組みを維持するようです。和光市モデルの「自立支援型予防マネジメント」の仕組みについては、今のところ「考えていない」との対応です。

・総合事業費の上限額について

横浜市の直近３年の後期高齢者の平均伸び率は約４・４％。予防給付のうち総合事業への移行分は同時期平均８・３％と倍になっているとのことです。総合事業費の試算では、２０１５年度～17年度は「10％特例」（事業開始年度の前年度実績に10％上乗せできる）があり、17年度までは上限額を上回らない見込みですが、２０１８年度以降は上限額を超えるため、訪問型サービスＡ、住民主体サービスＢなどを含めて検討し、事業費に余裕のある２０１７年度までに各事業を軌道に乗せる必要があると説明しています。

②川崎市

・現行相当サービスも単価設定を変え、スーパー基準緩和は給付なし

川崎市のサービス類型は、「現行相当」と「基準緩和」ですが、現行相当サービスの単価設定を変更し実績単価にし、結果として事業者の減収とさせています。また、基準緩和サービスでも訪問型は「簡易研修の修了者」として、短時間の研修で、実施は指定事業者に委ね、市はテキストも作成しないものとなっています。横浜市のそれとくらべてもかなり簡易なものとなっています。

また、スーパー基準緩和サービスは、３月時点では基準も示されていませんが、市が広告・宣伝を行うだけで報酬はなしという超安上がりなものとなっています。

（図表⑳）川崎市の総合事業のサービス類型

【訪問型サービス】	
現行相当サービス	報酬を週当たりに換算した単価とし出来高報酬制に
基準緩和サービス	資格要件を緩和し週当たり単価を現行相当の70％に （実施主体は訪問介護事業者）
スーパー基準緩和サービス	指定するが給付対象とせず、市は原則広告・宣伝のみ （実施主体は介護事業者の自費サービス、宅配業者、家事代行業者など
【通所型サービス】	
現行相当サービス	報酬を1回当たりに換算した単価とし出来高報酬制に
基準緩和サービス	人員基準を緩和し短時間のサービス　報酬低減 （実施主体は通所介護事業者・フィットネスクラブなど）
スーパー基準緩和サービス	指定するが給付対象とせず、市は原則広告・宣伝のみ （実施主体はフィットネスクラブ・趣味の教室など）

（川崎市資料をもとに作成）

・2018年度以降のさらなる緩和・切り下げ案も示す

さらに、上限額管理による事業運営を強調し、2017年度までは移行期間の「特例」により、

（図表㉑）

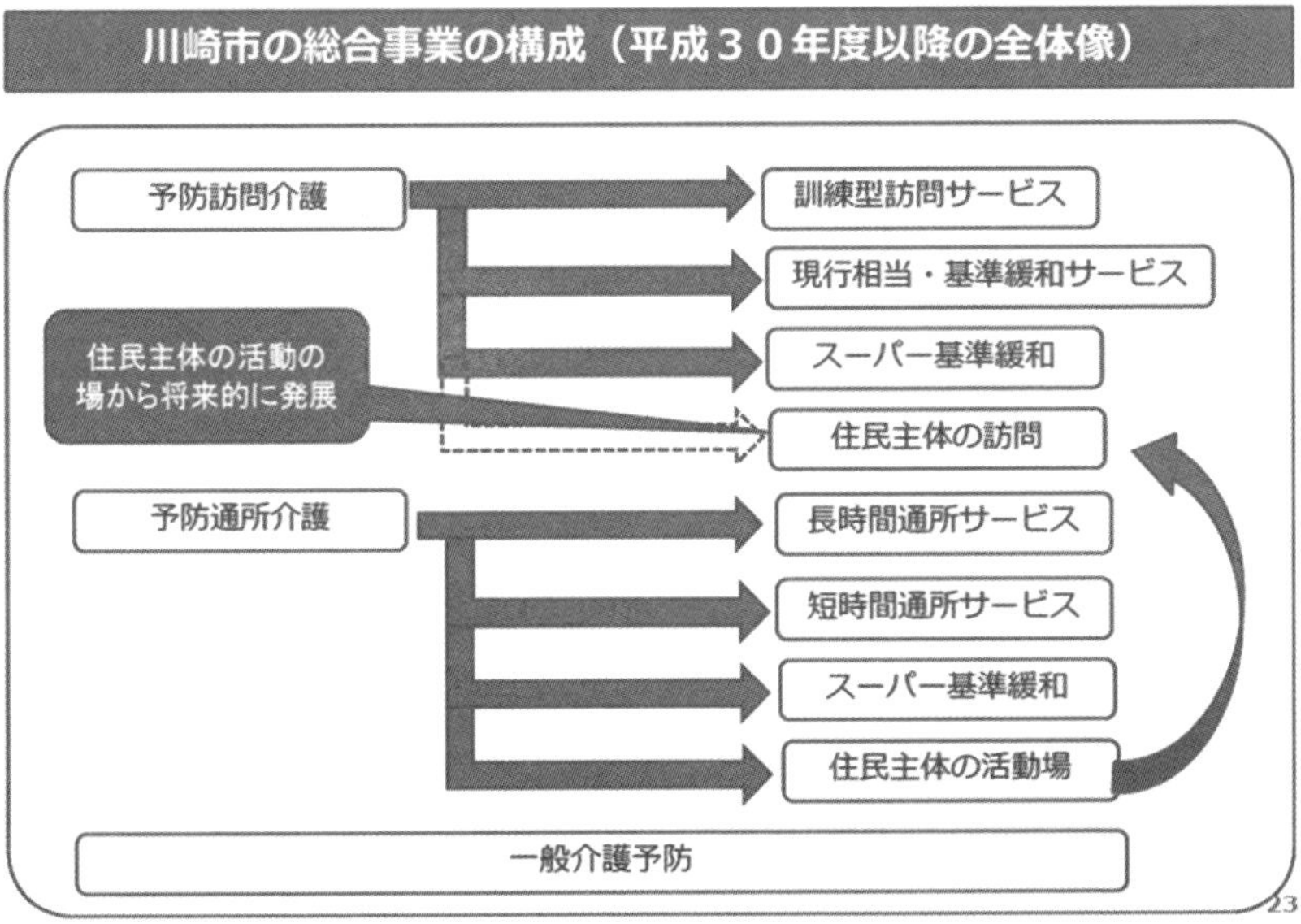

川崎市　2015年10月3日説明会資料

上限額以下となるが、２０１９年度には「上限額を超えてしまう見込み」として、「多様な単価によるサービス構築」「真に必要とするサービスを受けられるよう介護予防ケアマネジメントなど仕組みづくりを行い、中長期的なスパンで利用者の移行を図る」としています。

２０１８年度以降のサービス類型案では、訪問型では3カ月程度の訓練効果の見込める利用者だけに提供する「訓練型訪問サービス」が現行相当の週当たり単価で新設され、「現行相当的サービス」は95％にまで下げられます。また、通所型サービスでも、5時間以上の「長時間サービス」が現行相当の一回当たり単価を維持しますが、5時間未満は「短時間（基準緩和サービス）」として時間低減の対象となり、さらに報酬単価が下げられる案となっています（**図表㉑**）。

・基本チェックリストは、認定非該当者・更新者が対象者

川崎市は、利用者向けパンフレットで総合事業利用の流れとして、まず「要介護・要支援認定を受けます」とし、認定非該当の人にだけ基本チェックリストによる対象者判定を行うという、明らかに国のガイドラインと異なった対応をしています（61頁**図表㉒**）。

（図表㉒）川崎市リーフレット（抜粋）

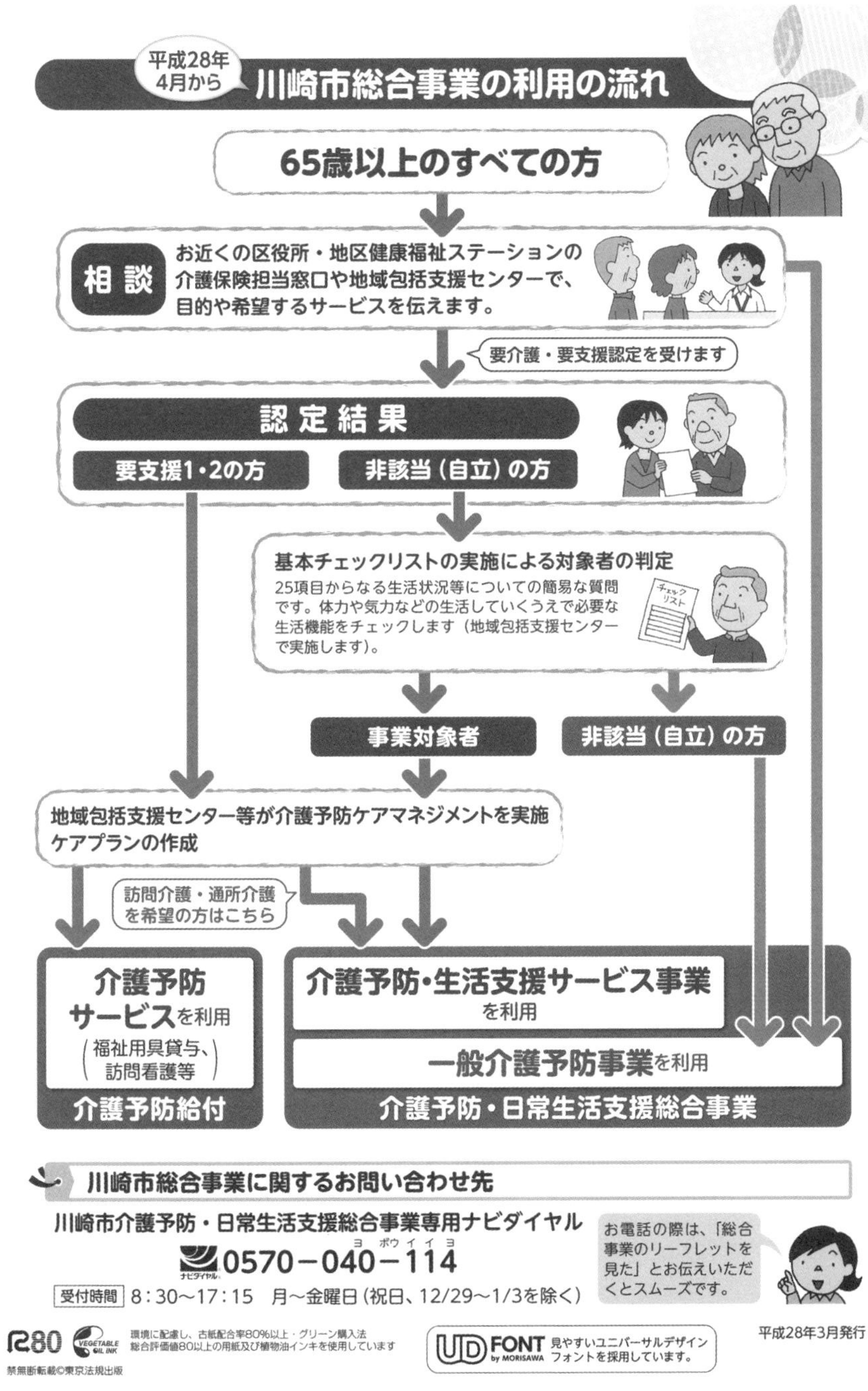

第４章　サービスを守るために住民と介護関係者の共同を

１　市町村が迫られる3つの課題

全国の市町村では、総合事業の本格実施・完全移行の２０１７年度を前にして三つの課題に直面しています。次なる介護保険法改定と第７期介護保険事業計画への準備にも備えながら、今後１～２年が市町村にとって正念場となります。

①総合事業完全実施

何よりも、２０１７年４月にはすべての市町村が要支援１・２の訪問介護・通所介護を総合事業にどう移行させるかが最大の課題です。未実施の市町村にとっては、２０１６年度は、実施に向けた検討・準備等の仕上げの時期です。また、すでに総合事業実施を済ませた市町村にとっても移行期間中の２０１７年度末までに移行を完了し、「完全実施」の形にすることが課題となっています。

市町村の中には、「とりあえず」現行相当サービスのみで、総合事業実施に踏み切ったところでは、「多様なサービス」の整備などを急ぐところも新たに出てくる可能性があります。

②総合事業費上限額管理

すでに述べたように、総合事業は地域支援事業の一部分なので、各保険者単位で事業費の「上限額」が設定されます。この上限額は、総合事業では「前年度実績×後期高齢者数の伸び」となっているので、給付抑制をしないと上限額を超えてしまいます。２０１５~２０１７年度は「10％特例」の適用がありますので、すぐには上限額を超えることはありません。しかし、試算を行っている市町村では、２０１９年度あたりから「上限額超え」が見込まれる結果となっています。移行期間最終年度の２０１７年４月移行開始の市町村は、総合事業実施から遠くない時期に「上限額超え」見込みを突き付けられることになります。市町村の中には、「上限額以内」に総合事業費を抑え込むために、総合事業サービスの単価の大幅な切り下げや、単価の高い現行相当サービスの利用を抑制し、極端な場合はサービスの打ち切りを強制するなどの動きを誘発されるところが出てくることが予測されます。

③次なる軽度者サービス見直しと総合事業

すでに、政府全体として、骨太の方針２０１５や経済財政諮問会議などを通じて、「次なる軽度者サービス見直し」を打ち出しており、総合事業への移行の範囲を要支援者から軽度者（要介護１・２）へと対象拡大をすることや、訪問介護・通所介護以外への対象サービスの拡大の可能性があります。これらは、２０１７年度総合事業実施の市町村の動向にも様々な影響を与えることになります。とくに、「生活援助サービスの自己負担化」（骨太の方針２０１５）は、市町村の総合事業の「訪問型サービス」の多様な類型や利用対象者の線引きに大きな影響を与えることになります。市町村の中には、「生活援助の担い手を専門職（訪問介護員）から無資格者への転換を図る」とか「民間家事代行事業者の自費サービスへ移行させる」といった先走った検討もすでに見られます。国レベルの生活援助自己負担化が、こうした傾向に拍車をかける危険性があります。

2　現行サービス維持・確保を基本として対市町村への運動強化を

市町村の総合事業実施方針の把握と問題点整理、改善要求を

自治体段階での要支援者サービスの総合事業移行が最終局面を迎え、各市町村がガイドラインを軸に「多様な」総合事業実施モデルを模索しているとき、各地域の介護関係者や専門職、社会保障関係団体、住民運動団体が、その動向をしっかりと把握し、問題点を洗い出し、総合事業移行にあたっての「改善課題」を要求政策化していく取り組みがきわめて重要です。

前章で見てきたように、隣接する市町村でも部分的にはまったく異なる方針であったりすることもあり、市町村当局内の検討も、1人か2人の少数の担当者だけで総合事業実施案を作っている場合が多くあります。極端な場合、その担当者の「個人の考え」「資質と経験」に任せきりになり、それがその市町村の総合事業方針を形作っているようなところも相当あります。

「もっと現場の実情を理解していればこんな無謀な総合事業にならないはずだ」などという実態は各地にみられます。問題は、そうした「粗製濫造的」な総合事業実施方針が、誰からの批判もチェックもされずに「独走」していることにあります。

介護の専門職の参加を得て、わが町の市町村当局の総合事業実施状況や検討準備状況と方針がど

うなっているかを、把握して問題点の分析をすることがすぐにでも必要です。とりわけ地方議員の取組みは重要です。市町村当局が総合事業実施案を公表せず内部で秘密裏に検討していることなどあってはなりません。ただちに公表・周知させ、広く関係者・住民の声を聴くよう求めるべきです。

今からでも遅くはありません。すでに総合事業を実施した市町村も含めて、手直し・修正をさせる余地はまだまだあります。よりましな総合事業をめざして地域の共同の取り組みを直ちにはじめましょう。

総合事業実施（要支援者サービス移行）に対する取り組み

①総合事業は、「現行相当サービス」の縮小・切り下げをさせない

要支援1・2の訪問介護・通所介護が総合事業の訪問型・通所型サービスに移行しますが、移行当初はそれまでの事業所によるこれまでと同じサービス（現行相当サービス）が大部分となります。わたしたちは、この現行相当サービスの縮小・切り下げをさせないよう、当局の実施方針を手直しする要求を確立することが出発点です。

取り組みの参考例として、前章で取り上げた大阪市における共同要求の取組に沿って紹介します。

②基準緩和型による報酬切り下げには事業者アンケートを

大阪市は、「住民主体サービスB」は、サービス類型化することはしませんでしたが、訪問型サービスに現行相当サービスとともに既存の事業所に「無資格者」「低価格」の基準緩和サービスAへの参入を内容とする総合事業実施案を検討しています。

（図表㉒）

大阪市　要支援者の訪問介護、通所介護の新総合事業移行についてのアンケート結果

2016年1月　大阪社会保障推進協議会

1　有効回答の事業所数

	訪問介護	通所介護
事業所数	123	57
構成率	74%	34%

2　現在の介護報酬（介護予防訪問介護、介護予防通所介護）での事業所運営について

	①報酬十分で問題なく運営	②報酬不十分だが経費節減等で運営	③報酬不十分で運営に支障
訪問介護	9%	56%	32%
訪問介護	4%	44%	51%

3　基準緩和型サービスへの参入についての意向とその理由

	①参入したい	②参入したくない	③その他
訪問介護	26%	33%	33%
通所介護	21%	37%	35%

4　無資格者の導入について
大阪市は専門職だけでは介護人材が不足するので一定の研修をして無資格者に生活援助などを担ってもらうと説明しています。これについて賛同できるか

	①賛同できる	②賛同できない	③その他
訪問介護	19%	67%	11%
通所介護	28%	56%	12%

2015年4月の介護報酬マイナス改定と人材確保難にあえぐ介護事業者の実態を無視した「安物」「無資格」サービスの押し付けに対し、大阪社保協は、大阪市当局の検討内容を知らせるチラシを配布し、緊急に事業者アンケートを取り組みました（**図表㉒**）。

③共同要求・交渉、議会への請願陳情を

こうした事業者に呼びかけて学習会を開催し、声をもとに共同の要求書をまとめ、対市交渉や議会への請願・陳情を行い、当局に現場の声を突き付けて案の見直しを迫っていくことが重要です。

大阪市における共同要求の項目を示します（66頁**図表㉓**）。

④要求のポイント

・サービス類型

現行相当サービスがすべての移行先になる総合事業を求めることです。市町村に対しては、単なる「安上がり」で無資格者サービスとなる「緩和した基準サービスA」については、安易に導入させないことが重要です。とくに、現行の事業者に、緩和基準サービスを持ち込むことは、サービスの基準を掘り崩し専門性と質を低下させることになりかねません。

2016年3月から総合事業を実施した岡山県倉敷市が、サービス類型としては多様なサービスは一切作らず、現行相当サービスのみで移行したことは一つの現実的な参考例となります。

・基本チェックリストへの対応

総合事業は、要支援認定を受ければ「基本チェックリスト」をしなくても利用が可能です。しかし、「基本チェックリスト」への該当だけでは、住宅改修や福祉用具貸与・購入を含め一切の介護保

(図表㉓)【大阪市に提出した共同要求書】

大阪市長　様

大阪市は、1月27日の社会福祉審議会高齢者福祉専門分科会で「介護予防・日常生活支援総合事業案」を示しました。

大阪市は、要支援者のホームヘルパー・デイサービスについて、現行相当サービスを残しつつも、ホームヘルパー（訪問型サービス）は、無資格者による「生活援助型訪問サービス」を新設し、報酬単価は現行の介護予防訪問介護より25%ダウンし、デイサービス（通所介護）は、3時間未満の「短時間型通所サービス」を新設し、報酬単価は現行の介護予防通所介護より30%ダウンするという重大な内容を含んでいます。

利用者の実態も見ず、事業者や介護従事者の声も聞かないまま、提案された「安物サービス」は、現在でも人材確保に苦労し、昨年の報酬切り下げで運営が困難になっている事業者にさらに追い討ちをかけ、サービスの質の低下をもたらし利用者の生活にも支障をきたすおそれがあります。

要支援の方にとって、ホームヘルパーやデイサービスは生活していくうえでかけがえのないものとなっています。

大阪市におかれては、市の事業に移っても、これまでどおりと変わりなくホームヘルパーやデイサービスが利用できるようにしてください。

【要望】

1　大阪市の事業（総合事業）に移行しても、すべての要支援者が、現行どおりの条件と内容でホームヘルパーとデイサービスが利用できるようにしてください

2　総合事業のサービス類型については、1月27日に提案された案を撤回し、訪問・通所ともすべて現行相当サービスのみとしてください

3　要支援・要介護認定は、窓口で誰もが申請できるようにし、基本チェックリストによる振り分けをしないでください

4　介護事業所の抱える問題点（人材確保困難、報酬削減等による経営悪化）を踏まえ、地域の介護基盤を育成し維持・向上させてください

5　総合事業の案について、市内の関係事業所者が参加する「話し合い」の場を早急に設定し、十分に意見を聞いてください

2016年2月8日　大阪市介護保険新総合事業(案)を学ぶ学習会

険サービスは利用できません。また、「基本チェックリスト」の結果に納得できない場合でも「不服審査請求」もできません。

介護保険の被保険者が給付を受ける権利である要介護認定申請を封じ込めることにならないように市町村に求めていくことが重要です。

窓口に相談にきた人は、要支援者や要介護者に該当する可能性のある人でもあります。これに対して「事前」に基本チェックリストでの選別をさせないことが重要です。したがって、市町村窓口では、基本チェックリストは実施しないこと、今後もこれまでと同じように、相談者には要介護認定の手続きを速やかに行うことを市町村当局に約束させることが重要です。基本チェックリストは、地域包括支援センターの専門職が活用する位置づけにするべきです。また、基本チェクリストの本来の役割である「要支援・要介護状態に陥る可能性のある高齢者」を広く把握するツールとして、これまでのように全員に配布して自身でチェックしていただくことも介護予防の取り組みとしては有効である場合もあります。

２０１６年４月から総合事業を実施する川崎市が、新規の相談者には要支援・要介護認定を申請してもらい、非該当になった人に「基本チェックリスト」を案内するという方式を採用していることも一つの参考事例です。

介護予防ケアマネジメント

総合事業の実施にあたっては、市町村に対し、介護予防ケアマネジメントを通じた、自己努力の押しつけと利用制限である「サービスからの卒業」、セルフケアの強要をさせないことです。居宅における能力に応じた自立した日常生活に必要なサービスを提供し続けることが介護保険の責務であり、「卒業」を一律的に迫るようなケアマネジメントは許されません。地域包括支援センターが「サービス打ち切り」の手先にならないような取組みが必要です。同時に、自治体による「ケアプラン点検」や法制化された「地域ケア会議」を通じたケアマネジャーへの統制がされないように働きかけることも重要です。介護予防ケアマネジメントについては、予防給付の現行以上の単価を保障し、低額な「プロセス簡略型」「初回型」は持ち込ませないことが重要です。

【市町村への要求項目例】

1　総合事業利用者のケアマネジメントでは、必要なホームヘルプ・デイサービスは継続して利用できるようにし、期間を区切って「卒業」を押し付けることはしないでください。

2　ケアマネジメントついては、現行の予防給付のケアマネジメントと同様に居宅介護支援事業所への委託を可能とし、現行額以上の委託料を保障してください。また、「簡略化ケアマネジメント」「初回のみケアマネジメント」は導入しないでください。

3　「地域ケア会議」等を通じたケアマネジャーの統制を行わないようにしてください。

多様なサービスはプラスαとして住民参加で

総合事業には、訪問型・通所型・生活支援サービスなどに、住民主体の支援活動が位置付けられています。住民の助け合いが、すでにあるホームヘルプサービス・デイサービスの肩代わりはすべきではありません。また、現実の問題として代替はできません。住民組織、協同組織としては、そのような「代替サービス」の受け皿はめざすべきでなく、それ以外の多様な生活ニーズにこたえる柔軟で先駆的な事業にチャレンジすべきであると考えます。制度的な制約で現行ホームヘルプ・デイサービスが対応できないニーズは地域の中にいくらでもあります。「現行相当サービス」に「プラスα」として多様なサービスを位置づけるべきです（**図表㉔**）。

一方で、そうしたさまざまなニーズに応え、要支援者だけでなく要介護者と一般高齢者も利用できるような事業への公的な支援（活動場所、経費の保障）を市町村に積極的に求めていくべきではないでしょうか。

また、「協議体」についても、「互助化」の推進者とするのでなく、本当の意味での「住民共同」にふさわしい構成とし、医療生活協同組合や民主的医療機関、事業者が広く参画できるものとさせていくことが重要です。特に「生活支援コーディネーター」の選任・配置については、地域が合意できる方法にすることが大切です。

【市町村への要求項目例】

1　住民の「助け合い」については、公的介護保険サービスの「受け皿」として位置づけるのではなく、現行サービス利用を前提に、さらに地域における支え合いや地域づくりを促進するものとして位置づけてください。

2　新たな生活支援サービス等については、現行の要支援者に限定せず、要介護者及び一般高齢者（非該当者）にも利用の門戸を広げてください。

（図表㉔）

専門的サービスを土台にプラスアルファを

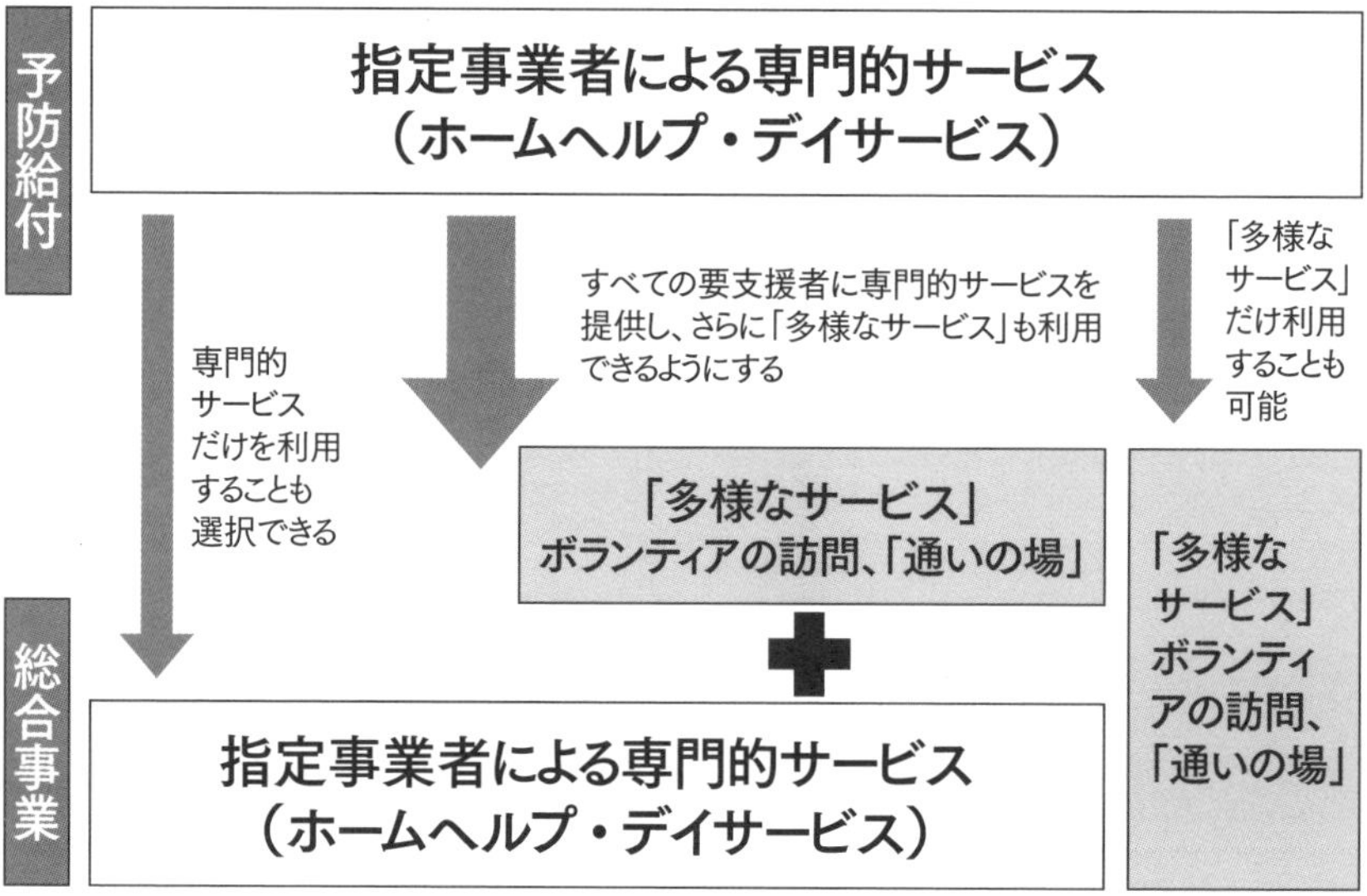

筆者作成　2016年3月

3　住民主体の「助け合い」の整備にあたっては、住民や各団体の多様な要望を尊重するとともに、活動に必要な施設・設備を提供するとともに、必要な経費については積極的に補助（助成）を行ってください。

4　「協議体」については、その構成は、地域での福祉や介護にかかわる広範な関係者に等しく門戸を開くとともに、その運営は民主的に行うようにしてください。

5　生活支援コーディネーターについては、偏った人選にならないように、①広く公募した上で選任する、②配置については自治体など公的な責任を担保する――などの措置を講じてください。

総合事業費上限額問題は全国的課題として

総合事業の制度的な最大の問題は、費用の「上限額」設定がなされたことです。事業費全体の伸びをその市町村の75歳以上人口の伸びしか認めない財源の上限管理で、市町村を追い込み、費用のかかる現行相当サービスから安上がりな「基準緩和サービス」「住民主体サービス」等への移行を強要する仕組みです。

こうした「兵糧攻め」を許さないために、国に対し、総合事業の「事業費上限額設定」については、撤廃し、必要な費用を保障するよう求めていくことが必要です。必要な国庫負担を要求すると同時に、自治体にも必要な財政支出を要求していくことが重要です。厚労省は２０１５～17年度に限っては、費用の伸びが上限額を上回った場合には事業開始前年度費用額の10％上乗せした額を上限とする経過措置をおいていますが、さらに必要な費用を保障する措置を求めていく必要があります。改正法が成立する際に参議院で採択された付帯決議でも政府に「財源の確保を含めた必要な支援」を求めており、国会に対する政府の責任というべきものです。

【市町村に対する要求項目案】

○ サービスの提供に必要な総合事業費を確保してください。不足する場合は国に負担を求めるとともに、必要に応じ一般会計からも補てんすることとし、「上限額」を理由に、利用者の現行相当サービスの利用を抑制しないでください。

【参考】参議院厚生労働委員会で採択された付帯決議

介護予防訪問介護及び介護予防通所介護の地域支援事業への移行に当たっては、専門職によるサービス提供が相応しい利用者に対して、必要なサービスが担保されるガイドラインの策定を行った上で、利用者のサービス選択の意思を十分に尊重するとともに、地域間においてサービスの質や内容等に格差が生じないよう、市町村及び特別区に対し財源の確保を含めた必要な支援を行うこと。

おわりに

自治体レベルでの要支援者のサービスの見直しの総合事業がはじまろうとしている時期に、国では、次期介護保険改定に向けた議論がスタートしました。

政府は、「軽度に対する生活援助サービスなどのあり方は、厚生労働省の関係審議会において検討し、2016年末までに結論を得るとされたところでありまして、この方針に沿って、政府として検討を進めてまいりたい」(2016年3月3日、麻生財務大臣の参議院予算委員会答弁)と、「2016年末までに結論・2017年通常国会法改定」へ突き進む姿勢を示しました。

しかし、2016年2月17日、2年ぶりに開かれた厚生労働省の社会保障審議会介護保険部会では、「軽度者の生活援助自己負担化」など切り捨て路線に対する異論が多く出ました。

「軽度者であってもある程度サービスを提供することによって重度化を防ぐ。地域支援事業となると市町村の負担も出てきかねないし、軽度者のサービスを継続してやらざるを得なくなる。これによって逆に本末転倒で、要介護の状況が悪くなったり増えたりすることのないよう慎重にしてほしい」(全国市長会介護保険対策特別委員会委員長・高松市長)と、自治体を代表する委員からは慎重論がだされています。

一見強硬に見える政府・厚生労働省の「軽度者切り捨て」の制度改定は、自治体や多くの介護関係者から反発を招きつつあります。

そのような中、3月31日に、政府は、全額自己負担の保険外サービスの導入を自治体に勧める

『保険外サービス活用ガイドブック』（※）を作成しました。公的介護保険の範囲を軽度者切り捨てで縮小し、一方で、新たな「市場」を企業向けに自費サービスとして提供するというものです。

これから自治体レベルで問われる総合事業の要支援サービス見直しの延長には、こうした公的介護保険サービスに縮小解体と、「自助」の名による自己負担サービスと、企業の新たな儲け口拡大への道が待っています。

高い介護保険料負担を強いられている高齢者からすれば、要介護・要支援状態になっても介護保険は使えず、「自費負担」を迫られるという「保険詐欺」のような道です。

こうした道を許さないためにも、当面する総合事業について、介護関係者・住民が共同して立ち向かい、要支援者のサービスを守りぬく運動が求められています。

※「地域包括ケアシステム構築に向けた公的介護保険外サービスの参考事例集（保険外サービス活用ガイドブック）」（2016年3月31日厚生労働省、経済産業省、農林水産省　作成・発行）。

【著者】

●日下部雅喜（くさかべまさき）

1956年岐阜県生まれ。

日本福祉大学卒業後、堺市役所へ。2000年から自治体の介護保険窓口業務のかたわら、一市民として「福祉･介護オンブズマン」活動、「介護保険料に怒る一揆の会」の活動に参画。

2016年3月堺市役所退職。

大阪社会保障推進協議会・介護保険対策委員長として介護制度改革問題に取り組む。

どうなる介護保険 総合事業
あなたの自治体はどうする？　いま、サービスを守るために

2016年5月25日　初版第1刷発行
2016年8月25日　初版第2刷発行

著　者　日下部雅喜
発行者　坂手崇保
発行所　日本機関紙出版センター
〒553-0006　大阪市福島区吉野3-2-35
TEL 06-6465-1254　FAX 06-6465-1255
http://kikanshi-book.com/
hon@nike.eonet.ne.jp
本文組版　Third
編集　丸尾忠義
印刷・製本　コーヨー21

ISBN978-4-88900-934-7

万が一、落丁、乱丁本がありましたら、小社あてにお送りください。

送料小社負担にてお取り替えいたします。

M E M O

M E M O